ÉDITIONS IN PRESS
74, boulevard de l'Hôpital – 75013 Paris
Tél. : 09 70 77 11 48
www.inpress.fr

DU NEUF CHEZ LES VIEUX N°1 : RETRAITE, UN REGAIN DE VIE.
ISBN : 978-2-84835-836-9

Illustration de couverture et intérieure : © Begin Again – Adobe Stock
Mise en pages : Paola Malgorn
Dessin : © Coralie Chudacek

Du *neuf* chez les VIEUX n°1

Retraite
un regain de vie

In press

Du *neuf* chez les VIEUX n°1

Il s'agit de penser le vieillissement dans sa dimension culturelle, le décrire et le réfléchir. Nous voulons associer, raconter et nous interroger. Les textes peuvent être sérieux et badins, littéraires, philosophiques et artistiques. Nous voulons multiplier les angles de vue sur les thèmes de l'art de vieillir.

Ce n'est pas un lieu de revendications et de plaintes. Il est d'abord orienté de façon positive vers les libertés acquises et les nouvelles possibilités d'actions de plaisir et de bonheur. Les auteurs sont des spécialistes représentant de multiples disciplines reconnues dans les recherches sur le « bien vieillir ».

Ce premier numéro parle de la retraite, connue comme premier moment affichant le vieillissement. Nous nous intéresserons à l'opinion des vieux sur la façon dont ils l'ont pensée et en profitent.

Le numéro suivant sera consacré à la fin de la vie.

Cette publication paraîtra deux fois par an.

LES AUTEURS

Odile Abergel, après avoir œuvré dans le cinéma, s'est consacrée à l'écriture littéraire. Elle a publié en 2022 aux Éditions Pétra son premier roman, *Un autre mot que l'oubli.*

Thierry Benne, docteur en droit public (Paris-Assas), diplômé de l'INTEC (Conservatoire National des Arts et Métiers), a exercé conjointement les professions d'expert-comptable, de commissaire aux comptes et d'expert-judiciaire.

Joëlle Bordet, psychosociologue, directrice de recherches émérite du Centre Scientifique et Technique du Bâtiment (CSTB).

Claude Caillart, ancien sous-marinier, navigateur émérite, pilote de talents.

Blandine Destremau, sociologue, directrice de recherches, CNRS Iris, EHESS.

Anne-Marie Gaignière, retraitée de l'Éducation Nationale, passionnée de littérature et admiratrice de l'œuvre de Freud.

Paule Giron, était journaliste au *Monde*, à *L'Express*, à *Elle* et à *Historia*.

Philippe Gutton, psychiatre, psychanalyste, professeur des universités (Sorbonne, Paris VII Denis Diderot).

Marie de Hennezel, psychologue clinicienne.

Évelyne Larguèche, sociologue, docteure en Psychopathologie clinique et psychanalyse, a été ingénieure de recherche au CNRS, attachée au Laboratoire de psychopathologie clinique de Paris VII puis au Laboratoire d'anthropologie sociale du Collège de France. Elle a publié *L'injure* (2021) et *La provocation* (2023) aux éditions In Press.

Laurence Lucas Skalli, psychiatre, thérapeute et coach, exploratrice de la conscience et du vivant, fondatrice de Conscience sans frontières.

David Le Breton, professeur émérite de sociologie à l'Université de Strasbourg, membre senior de l'Institut Universitaire de France et de l'Institut des Études Avancées de l'Université de Strasbourg (USIAS).

Nicolas Menet, directeur de Silver Valley.

SOMMAIRE

Retraite, un regain de vie

Partie 1 : Imaginer, ressentir…

Partie 2 : Savoir, apprendre…

Partie 3 : Mille façons de penser

Chaque année
Nous sommes plus jeunes
Que l'année qui suivra

Claude Caillart[1]

1. Claude Caillart, ancien sous-marinier, navigateur émérite, pilote de talents.

ET SI VIEILLIR ÉTAIT UNE AVENTURE ?

Marie de Hennezel[1]

Ce premier numéro *Du neuf chez les Vieux* est consacré à la retraite, comme entrée dans le vieillissement. Une entrée symbolique, car tout le monde sait que l'on vieillit dès la naissance. Mais la retraite signe la fin de la vie professionnelle et l'entrée dans un monde nouveau, de nouvelles habitudes, des deuils à accomplir. De grandes disparités concernant les catégories sociales ou l'état de santé des retraités peuvent rendre plus ou moins difficile cette période de la vie. Quelles que soient les situations personnelles, si le regard de notre société changeait sur la vieillesse, ce serait bénéfique pour nous tous. Car la retraite peut être vécue sur le mode dépressif comme sur le mode joyeux.

Lors des sessions de préparation à la retraite que j'ai animées pour Radio France, il y a quelques années, j'ai rencontré des journalistes qui redoutaient cette échéance, car leur travail était tout pour eux. L'idée de se réveiller un matin sans avoir l'obligation de partir au bureau, déclenchait chez eux une sorte d'angoisse. Qu'allaient-ils faire de leurs journées, privées de ces rituels auxquels ils étaient finalement très attachés : le café avec les collègues, la routine du boulot, les visages connus que l'on croise dans les couloirs, la préparation des émissions, la rencontre avec les politiques, les écrivains, les musiciens, les artistes, bref tout un monde de la culture qui donnait de l'intérêt à leur travail ? Il y avait un fort investissement libidinal d'une activité qu'ils aimaient et qui les rattachait fortement à la communauté humaine. La perspective de la retraite,

1. Marie de Hennezel, psychologue clinicienne.

certains y avaient déjà réfléchi. Ils savaient ce qu'ils allaient perdre, mais ils savaient aussi tout ce qu'ils allaient trouver: le temps, la liberté. Il suffisait, au fond, qu'ils transposent ailleurs leurs compétences et surtout ce qu'ils aimaient faire. Une femme ayant des responsabilités dans les ressources humaines nous avait déclaré à juste titre que dans tous les changements de la vie, on peut toujours sauvegarder ce qu'on aime. Elle aimait la relation humaine, dans son métier, elle la retrouverait ailleurs, autrement. Et au fond, elle était assez contente de cette occasion d'aller vers du nouveau.

Lors de ces sessions, j'ai peu perçu la peur de l'entrée dans la vieillesse. Peut-être parce qu'autour de 60 ans, on n'est pas encore trop vieux. La longévité dont nous bénéficions aujourd'hui, les progrès de la médecine, les cartes que les *boomers* ont dans leurs mains – que n'avaient pas la génération précédente – tout cela fait qu'à 60 ans, au moment de la retraite, on se sent encore jeune. Est-ce pour cette raison que les jeunes retraités préfèrent de loin le mot espagnol de *jubilación* au mot français, si peu en rapport avec l'intention qu'ils ont d'aller de l'avant, d'explorer des domaines qu'ils n'ont pu approfondir? Bref de vivre une aventure, avec tout ce que ce mot implique d'ouverture au nouveau.

J'ai retrouvé récemment l'article que B. This avait écrit il y a dix ans sur la retraite. « Être en "retraite", c'est se mettre sur le terrain de la jouissance. En espagnol, les "retraités" n'existent pas; on parle des *jubilados,* les *jubilants*. Ceux qui sont entrés en jubilance, […] les plus de 60 ans. Il y a une jubilance incontestable de la vie »[2]. Dans ce même ouvrage où s'expriment des psychanalystes sur ce *« désir qui dure »*, on trouve aussi la prose jubilante de R. Dadoun cherchant résolument à montrer que la pulsion de vie a raison de la sinistrose trop souvent associée à l'horreur de la vieillesse. Il cite cette phrase que nous connaissons de Freud, s'ex-

2. This, B. (2009). Ceux qui sont entrés en *« jubilance »*. Dans D. Platier-Zeitoun et J. Polard, *Vieillir... Des psychanalystes parlent. Un désir qui dure*. Toulouse, France: Érès, p. 207-223 (p. 213).

clamant à 80 ans, le cancer ayant ravagé sa mâchoire, « la vie à mon âge n'est pas facile, mais le printemps est magnifique et tel est l'amour »[3].

Ce qui caractérise les retraités d'aujourd'hui, le récent mouvement citoyen du CNaV[4] en fait foi, c'est le refus de cette image désastreuse de la retraite et du vieillissement. Refus d'être dévalorisés, exclus de la société, diffamés, infantilisés, discriminés, marginalisés. Refus de perdre l'estime de soi, si nécessaire à la préservation de son autonomie. Refus de baisser les bras et de s'acheminer « à pas lents ou rapides, vers une mort annoncée, désirée, consentie ou volontaire, violence faite à soi et aux autres, suicide déguisé ou avoué »[5].

Les jeunes vieux d'aujourd'hui – et les vrais vieux aussi, si l'on en croit P. Giron dont j'ai lu le texte avec délectation – veulent inventer un nouvel art de vieillir. Car, comme le dit si bien R. Dadoun, auteur du *Manifeste pour une vieillesse ardente*[6], « le désir, noyau dur de l'âme humaine, ne saurait s'éteindre : il ne peut que se déplacer, et même, avec le grand âge, ouvrir ou tenter de nouvelles pistes »[7].

Il s'agit donc, mû par ce désir qui ne s'éteint jamais, d'inventer. C'est ce qui a fait dire un jour à A. Jaccard, que j'interviewais : « Bien sûr, je cours moins vite, je saute moins haut, mais tant que je peux fabriquer en moi des émotions nouvelles, m'enrichir au contact des autres, enrichir les autres, je ne suis pas un être trop vieux, je suis vieux au sens africain du mot, quelqu'un vers qui on va, comme vers une source. »

---

3. Dadoun, R. (2009). Quand au vieillir… Dans D. Platier-Zeitoun et J. Polard, *Vieillir… Des psychanalystes parlent. Un désir qui dure*. Toulouse, France : Érès, p. 67-73 (p. 68).
4. Conseil National auto-proclamé de la Vieillesse.
5. Dadoun, R. (2009). Quand au vieillir… Dans D. Platier-Zeitoun et J. Polard, *Vieillir… Des psychanalystes parlent. Un désir qui dure*. *Op. cit.*, p. 69.
6. Dadoun, R. (2005). *Manifeste pour une vieillesse ardente*. Paris, France : Zulma.
7. Dadoun, R. (2009). Quand au vieillir… Dans D. Platier-Zeitoun et J. Polard, *Vieillir… Des psychanalystes parlent. Un désir qui dure*. *Op. cit.*, p. 73.

Cette « jubilance », à s'ouvrir au nouveau, plusieurs auteurs qui s'expriment dans ce numéro, *Du neuf chez les Vieux*, en attestent. Ph. Gutton nous dit que vieillir, c'est « s'engager avec bonheur dans une composition et une recomposition modeste et foisonnante de surprises ». P. Giron parle de sa vieillesse comme l'ouverture d'un « nouveau cycle inscrivant la vieillesse non plus dans une fin mais dans un nouveau devenir que l'on ne soupçonnait pas. Ce que lui apporte sa longévité, dit-elle, c'est qu'elle « n'en finit pas de devenir ». É. Larguèche, cite D. Horvilleur : « Pourquoi serait-on obligé d'avoir l'âge qu'on nous dit qu'on a ? Y a bien des gens qui ont réussi à prouver qu'ils n'ont pas le sexe qu'on dit qu'ils ont, alors pourquoi ce ne serait pas pareil pour l'année de naissance ? Il suffit d'avoir une autre conscience de soi.[8] » Enfin, j'ai trouvé dans les mots de L. Lucas Skalli confirmation de ce passage « pas si sage » qu'est la retraite et de ce désir de nouveau qui caractérise la résilience des nouveaux vieux. Elle a bien raison de montrer que les neurosciences s'intéressent à cette vitalité dont ils font preuve, en explorant les contre-valeurs de la société, et en choisissant délibérément de passer de « la lamentation au rebond ».

Vieillir est une affaire de désir, de conscience et de responsabilité. C'est tout le sens de mon récent livre *L'aventure de vieillir*[9] que de montrer que faire de son vieillir une expérience *heureuse, féconde et intéressante* est un choix. Privilégier le verre à moitié plein au verre à moitié vide. Un choix, un désir, une responsabilité, car comme me le disait un vieux philosophe R. Misrahi[10] : « Si une personne âgée, par exemple s'enfonce dans une forme de renoncement au désir, cette négation de la

8. Horvilleur, D. (2022). *Il n'y a pas de Ajar. Monologue contre l'identité*. Paris, France : Grasset, p. 72.
9. Hennezel, M. de (2022). *L'aventure du vieillir. Et si avancer dans l'âge était un voyage*. Paris, France : Robert Laffont-Versilio.
10. Misrahi, R. (2006). Conversion et temps vécu. Vieillesse, gérontologie, philosophie. Dans C. Attias-Donfut, B. Cyrulnik, É. Klein, R. Misradi, *Penser le temps pour lire la vieillesse*. Paris, France : PUF, p. 39-76.

conscience, source de souffrance, peut être modifiée. Elle peut la combattre ». Mais le désir est en même temps toujours placé devant l'autre. Il y a « une sorte de spécularité », affirme le philosophe. L'autre, par le regard qu'il pose sur la personne âgée en quête de réciprocité et de reconnaissance, « se doit de rendre possible le passage du négatif au positif »[11]. R. Misrahi en appelle à une vraie « conversion de l'esprit »[12], un changement, une mutation si complète de la conscience de vieillir qu'on pourrait parler à son propos d'un véritable recommencement. « Au lieu de saisir sa vieillesse comme déchéance, isolement et fin, le Désir-sujet peut désormais se percevoir comme le mouvement serein et fécond d'une nouvelle vie »[13]. Il n'hésitait pas à dire, à l'époque où je l'ai rencontré – en 2006 – qu'au lieu d'investir tant d'énergie dans les animations, avec des flonflons et des semblants de fêtes qui ne visent qu'à combler l'ennui d'un temps vide et passif, mieux vaudrait inviter les sujets âgés à voyager en esprit, penser leur vie, écouter de la musique, lire, écrire, contempler, découvrir des œuvres d'art, marcher, méditer, libérer une créativité enfouie. Bref, les inviter à vivre. « Le grand âge, s'il est converti à la vie, peut fort bien faire du présent une jouissance »[14]. Ainsi voilà l'ultime don de celui qui atteint le grand âge : « Communiquer à ceux qui vivront encore ce message de joyeuse maturité ne sera pas, pour celui qui va disparaître, la moindre de ses œuvres »[15] et lorsqu'ils seront vieux à leur tour, ne manqueront pas de se souvenir qu'il est une façon de vieillir qui ne pèse pas sur l'entourage mais au contraire l'aide à vivre.

Propos audacieux que d'inviter tous ceux qui arrivent à la retraite à vivre cette « entreprise de renaissance », pour reprendre les mots de R. Misrahi, et assumer cette responsabilité sociétale. Vivre sa retraite

11. *Ibid.*, p. 56.
12. *Ibid.*, p. 72.
13. *Ibid.*, p. 60.
14. *Ibid.*, p. 65.
15. *Ibid.*, p. 70.

et sa vieillesse comme une aventure et non comme un désastre est un enjeu majeur. Il s'agit de la cohésion sociale de notre société vieillissante. « Imaginons une seconde que la génération des boomers reste dans l'angoisse et le déni du vieillir, entretienne ses illusions jeunistes, puis quand elle aura compris qu'il est vain de vouloir rester jeune à tout prix, sombre brutalement ou progressivement dans le désespoir ! Nous aurions dans dix ou quinze ans toute une population dépressive qui pèserait lourd sur les générations plus jeunes »[16]. « Que feraient nos enfants si tout un pan de la population perdait un jour le goût de vivre ? Comment réagiraient-ils si leurs parents âgés ne trouvaient plus aucun sens à leur existence et vieillissaient dans le tourment ? Ne risquons-nous pas, alors, de voir émerger une épidémie de suicides assistés, surtout si, d'ici là, notre loi l'autorise ? »[17].

Comment ne pas citer en écho et en conclusion, cette parole étonnante de R. Dadoun, appuyant lui aussi sur cette responsabilité qui nous incombe vis-à-vis de l'avenir. « Le grand âge pourrait, utopie concrète, faire une entrée ferme et sereine sur la scène de l'Histoire, apportant conscience de soi, mémoire, prudence, distance et sagesse peut-être, propres à ménager à l'humanité la chance d'un avenir, d'un nouvel âge sous le signe d'un "Éros éternel" "rafraichi" aux couleurs du présent »[18].

---

16. Hennezel, M. de (2022). *L'aventure du vieillir. Et si avancer dans l'âge était un voyage. Op. cit.*, p. 10.
17. *Ibid.*, p. 11.
18. Dadoun, R. (2005). *Manifeste pour une vieillesse ardente. Op. cit.*, p. 166.

LA VIEILLESSE : UNE GALÈRE OU UN ART ?

Paule Giron[1]

Parler vieillesse c'est tomber dans la marmite de tous les poncifs les plus reculés. Entre « les pauvres, il faut les aider », il faut, il faut, on doit, et nous, les plus jeunes, nous allons vous montrer comment bien faire. Et la juste protestation des aînés qui disent : « Arrêtez de nous piquer toute parole et de nous dire qui nous sommes et ce que nous avons à faire », il y a, il faut en convenir, un vide sidéral.

En fait, depuis que la longévité nous a obligés à repenser ce qui jusque-là se contentait d'être une fin de vie relativement courte, nécessitant juste un peu de confort et de compassion, une nouvelle conscience s'impose pour repenser les quelques 30 ans de vie que vont avoir à vivre les nouveaux vieux. Entre un lit et un fauteuil, attendre l'heure des repas, ce n'est pas tenable, quand ça peut durer 30 ans ! Pas surprenant que l'on vous parle d'euthanasie ou toute autre solution écourtant un aussi long délai.

La question qui va nous intéresser dans *Du neuf chez les vieux*, c'est : « Est-ce que vieillir a du sens et lequel ? Est-ce que ça peut valoir la peine de supporter les douleurs de l'arthrose et les mille tracas d'un corps à bout de souffle si ça n'a pas de sens ? » Alors la vieillesse, une galère qui n'en finit pas de finir ou un art de vivre que l'on ne soupçonnait pas ? Nous allons chercher à répondre mais en tordant le cou à bon nombre d'idées reçues, en commençant par l'art.

1. Paule Giron était journaliste au *Monde*, à *L'Express*, à *Elle* et à *Historia*.

L'art, un travail permanent

C'est Boileau qui en parlait le mieux : « Sans cesse, sur le métier, reprenez votre ouvrage, polissez et repolissez-le ». Le visiteur du musée lambda qui paye pour admirer et dénigrer le travail de l'artiste, sait-il ce qui s'est joué derrière une œuvre exposée ? Les nuits blanches, les feuilles à la poubelle, le recul sur soi : « C'est ça ou ce n'est pas ça ? » Jamais fini, jamais achevé, toujours en route, comme un devenir que l'on ne peut plus arrêter. Ce que voit le visiteur du musée c'est une œuvre apparemment finie. Pour l'artiste, c'est toujours un *« peut mieux faire »* qui sera d'ailleurs suivi d'une autre et d'une autre et d'une autre tentative d'approcher la nature au plus près de ce que j'en vois.

Cette jolie vieille dame aux cheveux blancs qui a l'air si jeune, si soignée, qu'y a-t-il derrière cette attitude ? Un art de vivre ou une connaissance maîtrisée de la vieillesse qu'on veut donner à voir ? Un paraître ou un être qui va au bout de soi-même n'hésitant jamais à se remettre en question. Un savoir, un pouvoir, ou une vie vécue dans le silence de l'atelier à la recherche d'un graal qui n'en finit pas de nous échapper ? Serait-il le « sens », ce graal ? Après avoir tout tenté, tout essayé, le sens de la vie serait-il une longue quête à la recherche de soi-même ?

Il urge de remettre l'art à sa vraie place et de cesser d'en faire une décoration au revers d'un veston. L'art n'est rien d'autre qu'une longue quête qui ne finit qu'avec la mort et qui est davantage artisanat besogneux qu'une envolée lyrique sur tapis magique. De tout art on peut dire *« les deux mon général »* : la galère et soudain le tapis magique qui justifie l'envie de continuer.

Alors la vieillesse, est-ce un art ou une galère ? Nous plaidons pour celui des deux qui a du sens. Celui qui me donne envie de me lever le matin malgré cette satanée arthrose. Celui qui me donne l'assurance, jour après jour, non pas de vieillir mais de n'en pas finir de devenir. Si c'est cela que m'apprend la longévité, elle est un bienfait pour l'humanité, si ce n'est pas cela, alors que la vieillesse aille au diable et vive l'euthanasie préventive. Nous ne nous doutions pas qu'en ouvrant la porte à la longévité nous allions avoir à repenser ce qui fut longtemps une fin de vie et qui s'ouvre désormais sur un nouveau cycle, inscrivant la vieillesse non plus dans une fin mais un nouveau devenir que l'on ne soupçonnait pas. Créatif à 90 ans et plus, le vieux, ou et alors ?

Entre cette création tardive et qui a du sens et l'« à vau-l'eau » d'une galère qui n'en finit pas de ne pas finir, le nouveau vieux a désormais le choix. Ce n'est plus le souci d'Hamlet : « Être ou ne pas être », c'est « devenir ou ne pas devenir ». Entre les deux, il y a toute la distance entre une galère et une création de soi. C'est plus une découverte en soi, d'autres possibles, plus ouverts, plus intelligents. Tellement plus satisfaisant comme remède contre la décrépitude du corps.

MA GRAND-MÈRE

Adrien, adolescent.

« Ma grand-mère vient de fêter ses 70 ans. Mensonge, elle travaille autant qu'une personne de 30 ans. 35 heures par semaine ? NAAAANN 90 ? 100 heures peut-être. À mes yeux elle ne vieillit pas ! On peut sûrement parler d'une super grand-mère ?

C'est assez drôle d'ailleurs, c'est drôle car la génération actuelle ne sait plus travailler à ce rythme, sûrement dû aux réseaux sociaux, de voir certaines personnes gagner leurs vies en postant de simples photos. Quelle image renvoient les générations futures ? C'est vrai que c'est alléchant de gagner beaucoup sans trop faire. Tu m'étonnes pourquoi les français ont actuellement une réputation de flémmarre. Alors c'est pour ça que j'admire le genre de personnes comme ma mère-grande !

Pas de questions du genre pourquoi moi aussi je ne prendrais pas la voie facile ? Et non ! Là est toute la différence, ma grand-mère aime son métier, il est utile, alors OK c'est dur, c'est fatiguant, mais elle le fait. Des fois même trop. :) »

Partie 1

Imaginer, ressentir...

“ *Un vieux condescend à vieillir*
La jeune se bat pour rajeunir.
Mais les deux vieillissent ensemble. ”

Claude Caillart

ISAAC ! ISAAC !!

Odile Abergel[1]

Mon grand frère Jacob faisait la route depuis Casablanca. C'était toujours une fête de l'accueillir. Toute la famille admirait la Peugeot 203 avec laquelle il paradait. Et puis un dimanche, Jacob n'est pas arrivé. Je l'attendais devant la maison mais je ne l'ai jamais revu. Jamais 203. C'est ce nombre à trois chiffres que j'ai entendu pendant des années quand les gens reprenaient ce dicton. Personne ne disait 206, ou 215… Non, Jamais 203. Jusqu'au jour où la signification a surgi, grâce à un adversaire au tennis qui m'avait battu déjà deux fois et ne doutait pas d'y parvenir une troisième. Jamais deux sans trois ! J'ai pu à mon tour m'y donner à cœur joie en proférant la formule avec désinvolture. Je m'amusais de ce déterminisme inepte qui en valait bien d'autres pour régir le monde tant qu'il n'enfreignait pas mon plaisir, ma réussite de petit marocain devenu ingénieur en aéronautique à Paris, et reléguais la mort accidentelle de Jacob au passé révolu.

Je pense beaucoup à lui depuis mon deuxième infarctus. Jamais deux sans trois, et le troisième me sera fatal, j'en suis convaincu. Je rejoindrai Jacob au royaume de l'absence.

Plus le temps passe, plus des logiques extravagantes me semblent présider à nos destins. Certes, « jamais deux sans trois » relève de l'ineptie, mais le millimètre auquel tient ma vie grâce à un petit ressort placé dans ma coronaire me paraît tout aussi absurde.

Je déploie d'heure en heure ce genre de pensées derrière mon journal. Je me demande si Liliane croit encore que je le lis. En fait, je relève parfois une analyse pertinente et je la fais mienne, j'y réfléchis,

1. Odile Abergel, après avoir œuvré dans le cinéma, s'est consacrée à l'écriture littéraire. Elle a publié en 2022 aux Éditions Pétra son premier roman *Un autre mot que l'oubli*.

je l'étaye, et je la livre le lendemain à ma femme au réveil pendant qu'elle boit son café. Elle ne m'écoute pas mais au moins elle fait semblant.

Ce jour-là, seul au salon sous prétexte de lire *Le Monde*, je faisais le sourd. Mon jeu préféré, l'une des plus grandes réjouissances que m'offre la retraite, alors j'en abuse car j'ai l'ouïe fine. J'écoutais Liliane et Claire parler dans la cuisine, parler de moi bien entendu, ma femme n'épargnant jamais à notre fille quand elle vient nous voir à Paris la liste de ses griefs à mon endroit. Et il aurait vraiment fallu que je sois sourd pour ne rien entendre malgré ce simulacre de confidence. Je m'imaginais déjà imiter Liliane, singer sa litanie, quand j'ai entendu un cri provenant du dehors, un prénom hurlé de très loin, le mien, « Isaac ! »

Après un instant de stupeur, je me suis précipité sur le balcon. J'ai vu un homme gronder un enfant, sûrement le petit Isaac. Je n'entendais rien du haut de mon quatrième étage mais j'ai compris que l'adulte tentait de convaincre le petit garçon du risque qu'il courait à faire du skateboard devant un parking d'où surgissaient des voitures. L'enfant protestait puis renonçait. Tête basse, il suivait l'homme énervé, son père certainement, vers l'entrée d'un immeuble. De mon temps au Maroc, le genre de grosses baskets rouge vif que portait ce petit Isaac n'existaient pas, pourtant je me suis reconnu en lui, un élan impérieux m'a poussé à le retrouver pour le voir de près. J'ai prétexté avoir une course à faire et je suis sorti.

J'ai pris un air de promeneur scrutant le quartier, les façades… Et je l'ai vu, il était là, assis tout seul sur les marches à l'entrée de chez lui. J'ai avancé sans savoir où j'allais mais l'aubaine de le retrouver si facilement m'a galvanisé. J'ai cherché un moyen de faire connaissance avec cet enfant qui me ressemblait, pas seulement parce qu'il s'appelait Isaac. Je me suis revu assis sur le seuil de la maison quand mes parents m'interdisaient de suivre mes grands frères au tournoi de water-polo sur la plage. J'ai rebroussé chemin, j'ai laissé tomber comme par inadvertance mon trousseau de clés, et j'ai fait mine de souffrir du dos en me baissant. J'ai lancé un regard plaintif au petit. Il a ramassé mes clés et me les a tendues. J'étais sans voix. Je m'étais reconnu. Je me trouvais face à moi-même petit garçon. Ce n'était pas une idée, une image, je ne me disais pas que ce môme ressemblait au souvenir que je gardais de moi enfant, non, je me trouvais simplement face à moi-même, face au petit Isaac que j'avais été, face à ma tête sur la photo de moi à cet âge affublé d'un costume de marin.

– Ça va Monsieur ?

– Oui, mais il faut que je m'assoie.

– OK, a-t-il dit en m'engageant à prendre place à ses côtés sur les marches.

Je l'ai regardé, je lui ai caressé la tête, j'avais besoin de le toucher pour pouvoir y croire, je tremblais, j'essayais de ne pas pleurer, je répétais « tu es... je suis... », mais je n'osais rien dire, je craignais de l'effrayer. D'ailleurs il s'est reculé :

– Qu'est-ce qu'il y a ?

– Oh pardon, ai-je répondu en cessant de le fixer et en faisant l'effort de me ressaisir, pardon, je suis juste un peu fatigué, j'ai très mal au dos, et je te remercie pour ton aide, je n'aurais pas pu me baisser. Tu es adorable tu sais ! Quel âge as-tu ?

– Huit ans et demi.

– Et comment tu t'appelles ?

– Isaac.

– Non, c'est pas vrai ! ?

– Si, c'est vrai !

– Et ben moi aussi figure-toi ! Incroyable, non ?

– Non... Maman m'a dit que les prénoms à la mode pour les enfants c'est des prénoms de vieux.

– Elle a raison. Mais quand même, Isaac c'est rare !

– Non, rien que dans ma classe on est deux !

– Ah bon ! C'est une école juive ?

– Je ne sais pas.

– Toi, tu es juif, n'est-ce pas ?

– Je ne sais pas ce que c'est.

– C'est une religion.

– Moi je suis catholique, ça je le sais !

– Et quel est ton nom de famille ?

– Pinto.

– Isaac Pinto… Enchanté, moi je suis Isaac Delmar, ai-je ajouté en lui serrant la main pour sceller notre rencontre.

J'ai observé son visage. J'ai reconnu mon petit grain de beauté sur la joue gauche. Je me suis demandé si je le voyais encore chaque matin dans la glace ou s'il avait disparu, s'il s'était résorbé entre les poils, les pores, les années. J'ai retrouvé mes lèvres charnues, rétractées le temps d'une vie, mon nez poupon, minuscule en comparaison d'aujourd'hui, mes yeux confiants mais un peu tristes depuis la mort de Jacob, mon regard franc, et cette peau tellement lisse, mate, solaire.

J'ai dû faire de nouveau une tête étrange car il a dégagé sa main.

– Excuse-moi, tu dois me trouver bizarre. Mais tu ne peux pas savoir comme je suis heureux de t'avoir rencontré.

– Pourquoi ?

– Parce que. Tu ressembles à…

– À qui ?... À ton fils ?

– Non, je n'ai pas de fils. Mais à mon petit-fils oui, peut-être un peu.

– Il a un ordinateur ?

– Non, il est trop petit.

– Moi j'en veux un pour jouer, mais mes parents veulent pas.

– Tu n'as pas envie de faire du sport plutôt ?

– Non… Si, du skate.

– Et le foot ? Tu n'aimes pas le foot ?

– Si !

– Tu es déjà allé voir un match ?

– Non. Je voudrais voir le PSG, mais c'est trop cher…

L'arrivée de son père nous a interrompus. Comme il n'appréciait pas que son fils traîne encore dehors, j'ai vanté la gentillesse de l'enfant, son empressement à m'aider, ma surprise de rencontrer mon petit homonyme... Ainsi, j'ai réussi à l'amadouer. Puis une question m'a effleuré, celle de savoir si ce papa allait reconnaître en moi le vieil homme que deviendrait un jour son fils, mais j'ai immédiatement compris que non, d'ailleurs je me demandais moi-même comment mon visage avait pu tellement changer. Une seule chose était sûre : le petit Isaac ressemblait assez peu à son père, pas plus qu'au mien en tout cas. Il avait le haut du visage Delmar, complètement Delmar, avec l'implantation des cheveux en arrière. L'arcade sourcilière de Monsieur Pinto était plus marquée, sa carrure plus imposante... Il s'est montré surpris quand je lui ai demandé s'ils étaient juifs. « Pas du tout, m'a-t-il affirmé en riant, on est Portugais ! » Le prénom Isaac avait été choisi en hommage à un aïeul très pieux, un aumônier. J'ai évoqué mes origines, et j'ai surtout relancé le sujet du foot, j'aurais voulu glisser que je pouvais obtenir des places à mi-tarif et tenir ainsi un bon prétexte pour revoir le petit Isaac, c'est-à-dire moi-même avec soixante-sept ans de moins. Mais je n'en ai pas eu le temps, car Madame Pinto a appelé. L'enfant et son père ont donc filé à l'intérieur.

En rentrant, je me suis isolé dans la salle de bains. Collé à mon reflet, j'ai retrouvé mon grain de beauté sur ma joue gauche, il était là, ancré, comme un point fixe dans un paysage peut nous figurer la permanence des choses. Il était là comme une évidence, discret, à la même place que sur la pommette du petit Isaac, je n'en avais pas douté. Je me suis souri. J'aurais voulu remercier Dieu pour cette rencontre avec moi-même, mais je ne pouvais pas car je suis athée. Alors j'ai remercié en pensée cet enfant d'exister, et ses parents d'avoir choisi de vivre ici, à côté de chez moi. J'oubliais quelque chose, je le savais, j'oubliais de remettre en cause l'évidence, de douter du fait qu'il s'agisse bien de moi à nouveau incarné en petit garçon. Mais j'étais tellement heureux que je ne voyais pas l'intérêt de chipoter. Si je m'étais réveillé un beau matin avec mon cœur de jeune homme, je n'aurais pas perdu de temps à tergiverser, j'aurais bondi sur un court de tennis, ou sur une femme, sûrement Liliane ! Et si mon frère Jacob s'était trouvé soudain devant moi, je ne lui aurais pas demandé ses papiers, non, je me serais jeté dans ses bras ! Trop heureux pour douter, je redécouvrais sur mon visage de vieil homme une candeur ternie, je distinguais ma tête d'enfant, j'en éprouvais de l'apaisement. Car je ne me reconnaissais plus sur les photos depuis longtemps, je m'écriais « qui est ce vieux ? » J'évitais mon regard dans la glace depuis des années, je m'examinais de façon fonctionnelle, morcelée, rasage, coup de peigne... Soudain j'osais me contempler, je m'étais retrouvé, le petit Isaac me souriait sous les traits du vieil homme qu'il était devenu.

Je me suis assis au bord de la baignoire. J'ai senti la fatigue m'étreindre. J'aurais voulu me coucher avec une soupe comme simple dîner mais j'ai fait l'effort d'aller au salon. Claire ne venait plus très souvent et elle s'inquiétait déjà suffisamment pour ma santé.

J'ai répondu par une pirouette à Liliane me reprochant de disparaître au lieu de profiter de la présence de notre fille. Puis j'ai ri et j'ai fait écran avec mon journal. Je me suis dit que moins les gens lisaient la presse, plus ils divorçaient. C'était bien utile parfois de pouvoir s'abstraire de la vie de famille derrière une grande feuille de papier, surtout lors de la retraite. Mais j'ai compris à leur discussion que Claire rentrait à Londres dès le lendemain.

– Déjà ?

J'ai baissé mon journal, l'air surpris.

– Ben oui, le travail tu sais…

– Mais raconte : comment tu vas ? Et le petit ? Et James ?

– Tout va bien, m'a-t-elle répondu. Et elle a développé de façon volubile.

Elle n'allait pas se taire pour une fois qu'elle avait l'occasion d'exister entre nous deux. Liliane acquiesçait tant qu'elle pouvait, elle reprenait en écho les commentaires de Claire au sujet de notre petit-fils comme si elle avait pu d'elle-même en donner des nouvelles. Elle témoignait de son attention subtile, bien plus sagace que la mienne avec ma pauvre question tellement impersonnelle ! C'était magnifique, elle est même parvenue à accaparer la parole pour expliquer à notre fille son impatience de retrouver le petit chéri sur Skype, évoquant « ses » rendez-vous avec lui, comme si je n'y participais pas.

J'observais Liliane dans l'intention de me moquer de son comportement prévisible. Mais je ne l'ai pas fait, je n'en avais pas l'énergie. Et puis j'évitais de la vexer devant Claire, je trouvais cela cruel. Ma femme avait de bonnes raisons de m'en vouloir. Je la comprenais et l'aimais toujours. Mon niveau d'exaspération était encore le signe d'une émotion vive. Oui, je crois qu'il s'agissait encore d'amour, malgré tout, ou au moins d'un attachement dont j'ignore le nom. La preuve : j'avais hâte qu'elle me voie petit garçon. Je l'imaginais attendrie, bouleversée de me découvrir enfant, comme elle ne m'avait jamais connu. Dans le doute, il lui suffirait de ressortir ma photo à cet âge pour être convaincue.

Notre fille était contente, nous lui avions manifesté notre intérêt, comme dans les bonnes familles où rien n'enfreint le partage et l'écoute. Je pouvais à présent m'enquérir de l'essentiel en paraissant aborder un sujet subsidiaire :

– Au fait, James peut toujours avoir des places de foot ?

Liliane n'a pas résisté au plaisir d'ironiser sur mon intérêt soudain pour ce sport. Mais le lendemain midi, quand Claire est partie, j'avais déjà reçu mes billets.

J'ai demandé à Liliane où étaient les photos.

– Quelles photos ?

– Et ben les photos !

– Mais quelles photos ?

– Comment « quelles photos » ? Les photos ! Mes photos ! Les photos de mon enfance, les albums du Maroc, les photos que tu adores trier et re-trier !

– Justement, rien à voir, les albums sont dans le placard, mais il reste plein de photos à la cave !

« À la cave », ai-je répété en levant les yeux au ciel. Quant à Liliane, elle s'étonnait : d'abord le foot, et maintenant les photos, deux occupations ne m'ayant jamais intéressé et qui me frappaient soudain d'un attrait irrépressible.

J'ai ouvert un album au hasard. Liliane se trouvait là sous son voile de mariée. Elle m'est apparue comme cinquante ans plus tôt. L'éclat blanc a miroité dans le présent.

– Tu étais belle !… Comme tu étais belle !

Elle n'a rien répondu. Je me suis tourné vers elle et lui ai montré la photo de loin. Sa mine crispée s'est muée en placidité.

– Tu es toujours belle, ai-je ajouté. Mais là : quelle beauté !

J'ai continué de tourner les pages. Sa beauté n'était pas une nouveauté mais j'en étais saisi. La gravité sur nos visages m'a surpris aussi. Sa mère était souriante, son père carrément jovial, mais mes parents, quel sérieux ! Certes, ils n'appréciaient pas ce mariage, mais tout de même… J'ai observé une photo de maman, j'ai deviné son émotion, et j'ai reconnu son air tendre et distant à la fois, ce je ne sais quoi propre à elle, à moi aussi je crois, cet air singulier, celui du petit Isaac la veille. J'avais pointé face à lui des éléments de ressemblance avec mon père, mais je n'avais pas su voir les expressions de ma mère. J'avais simplement oublié son visage de femme jeune.

– Où est la photo de moi enfant ?

Liliane m'a regardé d'un air vaguement interrogatif. Alors j'ai précisé :

– Tu sais bien, la seule photo de moi petit, celle que tu adorais, celle où je suis déguisé en marin.

Elle m'a adressé une moue d'ignorance. Je l'ai regardée. J'ai failli lui ouvrir mon cœur, tout lui expliquer, lui raconter ma rencontre extraordinaire avec l'enfant que j'avais été. Mais je n'en ai pas eu la force, pas plus que de descendre à la cave pour y dénicher ma fameuse photo.

De toute façon, je n'avais pas de temps à perdre, c'était le moment d'aller guetter mon petit double à l'heure où je l'avais vu jouer la veille devant chez lui.

Je me suis installé une chaise sur le balcon. Liliane m'a jeté un regard plus incisif que tous les commentaires possibles concernant cette énième lubie. J'avais en effet toujours jugé ridicules les citadins perchés entre deux jardinières. Inutile de faire le sourd, ai-je pensé, à présent elle se contente de me toiser.

– Prend un parapluie !

C'est par cette injonction loufoque que Liliane a interrompu ma quiétude.

– Un parapluie ?! Mais il fait très beau ! Où tu vois de la pluie ?

– Alors prend un chapeau !

– Pour quoi faire ?

– Pour le mettre sur ta tête ! Le docteur a dit que tu devais te protéger du soleil.

– Mais je suis à l'ombre là ! Où tu vois que je suis au soleil ? D'ailleurs viens prendre un peu l'air toi aussi, ça te fera du bien !... Viens, j'ai quelque chose à te raconter...

– Non, j'écoute le débat, ça m'intéresse.

– Et ben tu as de la chance ! Ils n'ont rien à dire à la télé, ils sont nuls !

– Oui, bien sûr, tout le monde est nul, sauf toi !

– Pas du tout, moi aussi je ne comprends plus rien au monde, et je ne sais plus quoi dire... Mais justement, moi au moins je me tais !

– D'accord, alors tais-toi.

Je me suis tu. Je me suis penché de nouveau pour regarder en bas. Le petit Isaac traversait la rue. Il fendait l'espace. Son apparition au moment où j'espérais le voir révélait qu'il était là pour moi, tout comme son existence au pied de mon immeuble. Il fendait le temps, surgissait de soixante-sept ans plus tôt sans que je sache pourquoi. Je me suis inquiété en le voyant refaire du skate, mais j'ai compris qu'il respectait l'interdiction de passer devant la sortie du parking souterrain. Il obéissait, s'ennuyait, rageait, échafaudait des plans, se promettait d'agir à sa guise dès qu'on le laisserait sans surveillance, je le savais. J'avais toujours été comme ça, depuis tout jeune. Même maman le disait. Indépendant, indomptable.

Au moment du générique, Liliane s'est levée.

– Viens, je veux te montrer quelque chose, ai-je proposé d'une petite voix, sûr qu'elle ne m'écouterait pas.

Elle m'a regardé. Elle est venue vers moi, jusque sur le balcon.

– Tu vois l'enfant là-bas ?

– Oui.

– C'est moi petit.

– C'est-à-dire ? Tu le connais ?

– Il s'appelle Isaac. Et il a ma tête, la même tête que sur la photo de moi petit.

– Ah… C'est drôle !

– Tu ne me crois pas ?

– Si… Il doit être sacrément mignon s'il a la même tête que toi sur la photo.

Elle m'a regardé avec tendresse, elle a même caressé l'ovale de mon visage du creux de sa main comme elle ne l'avait pas fait depuis longtemps.

– C'est pour lui les places de foot alors, n'est-ce pas ?

– Oui. Mais… C'est tout ? Tu n'es pas plus étonnée ?

– Si !… Ça doit faire drôle un môme qui te ressemble et qui s'appelle Isaac en plus !

– Qui te parle de ressemblance ? ! C'est moi petit, je te dis !

– D'accord, c'est toi petit !

Elle s'est détournée en maugréant qu'on ne pouvait jamais discuter normalement avec moi, qu'il fallait toujours que j'invente des formules, que je m'en gargarise… Constatant qu'elle n'avait rien compris, j'ai promis de tout lui expliquer plus tard et je suis descendu.

J'étais tout de même content. La seule évocation de ma tête d'enfant l'avait attendrie. À présent je courais vers celui que j'avais été, le cœur confiant, plus hardi que la veille, car la tendresse encore vive de Liliane me donnait de la force, je me sentais prêt pour ce face-à-face avec moi-même dont le sens m'échappait, mais dont je pressentais l'enjeu, un bilan à faire de ma vie, quelque chose à sauver, ou bien une mission à laquelle me vouer, comme de protéger le petit Isaac de certaines erreurs à ne pas commettre. Ou, plus fou encore, comprendre avec lui le mystère du temps.

Quand il a levé la tête vers moi, j'ai perçu ce petit air familier, candide et distant à la fois, ce mélange propre peut-être à tous les enfants, à tous les humains, mais qui m'a frappé sur ce visage qui avait été le mien comme sur celui de ma mère quand elle était jeune. Difficile de définir notre air de famille, peut-être une douceur de traits associée à des sourcils légèrement asymétriques.

J'ai contenu mon émotion et me suis promis de ne pas la laisser me submerger comme la veille. J'ai annoncé au petit Isaac que j'avais des places pour le Stade de France. J'ai reconnu dans ses grands yeux le ravissement qui était le mien quand Jacob m'apportait un cadeau de Casablanca, et j'ai réitéré ma promesse : pas d'émoi ni d'exaltation, ne pas impressionner le petit, construire un lien avec lui.

Je ne sais pas si j'aurai le droit d'aller voir le match.

– J'en parlerai à tes parents... On a le temps, c'est dans deux mois.

– Ça veut dire que je dois être obéissant pendant deux mois ?

– C'est si difficile ?

– Oui, c'est difficile. Je ne peux pas jouer comme je veux avec mon skate, maman me surveille par la fenêtre.

– C'est normal, c'est dangereux ici.

– Pfff !... Je m'en fous, quand mon grand frère sera là, on fera ce qu'on veut.

– Ah, je ne savais pas que tu avais un grand frère... Il est où ?

– Je ne sais pas, mais c'est très loin.

– Et tu es sûr qu'il va revenir ?

– Ben oui !

Je me suis adossé à une voiture. Je m'apprêtais à lui suggérer l'idée selon laquelle rien n'est jamais sûr dans l'existence, mais j'ai vu Liliane s'approcher de nous. J'en étais ému et ravi, un peu intimidé aussi, car elle me surprenait lors d'une conversation intime entre moi et moi, et se trouvait soudain face à celui que j'avais été à huit ans et demi.

Tout en faisant les présentations, en me sentant fier et protecteur du petit Isaac, j'ai perçu le saisissement de Liliane devant lui. J'ai vu son trouble, j'ai su qu'elle pensait à la photo. Son regard passait du visage de l'enfant au mien, elle le reconnaissait donc en moi, peut-être mieux que je n'y étais parvenu. J'ai cru qu'elle allait le manger tant elle le dévisageait. Conquise, elle est partie en me soufflant : « Incroyable ! »

– Elle est drôle ta femme.

– Ah bon ?

– Oui. J'avais envie de demander si elle voulait ma photo, mais c'est pas poli.

Nous avons ri ensemble. Et notre complicité m'a donné de l'audace :

– Tu sais, si elle t'a regardé comme ça, c'est parce que tu me ressembles beaucoup.

Il a écarquillé les yeux. Il a ri de nouveau.

– Non, je veux dire, tu ressembles beaucoup au petit garçon que j'ai été à ton âge.

– Ah bon ? Non je ressemble plus à mon papy ! J'ai même les pieds grecs, comme lui.

– Et si je te disais que j'ai les pieds grecs moi aussi ?

– Peut-être, mais je ressemble quand même à mon papy. Et à mon grand-frère surtout, je ressemble. Bientôt, pendant les vacances au Portugal, peut-être qu'il va revenir…

Monsieur Pinto est passé en moto et s'est arrêté à notre hauteur. Contrarié de nous voir de nouveau ensemble, il n'a pas répondu à mon salut et a ordonné à son fils de rentrer à la maison. Je me suis éloigné. L'enfant m'a fait un signe d'au revoir sur le seuil.

J'ai tout raconté à Liliane. Je ne savais comment me rapprocher du petit Isaac vu la méfiance bien légitime de son père vis-à-vis de moi. La solution que ma femme a trouvée m'a anéanti, mais c'était la meilleure : ne rien faire, ne surtout pas risquer de braquer les parents. Je l'ai reconnu, si un vieux Monsieur avait tourné autour de Claire quand elle était petite, je l'aurais éloigné brutalement. Mais à peine avais-je évoqué notre fille que je l'ai regretté. Si j'en avais eu l'énergie, j'aurais sauté sur un autre sujet pour interrompre Liliane avant qu'elle ne parle, car je devinais la phrase qui lui montait aux lèvres : « Encore eut-il fallu que tu sois là pour voir qu'un homme tournait autour d'elle ! »

Je me trompais, elle ne disait rien. Je l'ai observée, elle n'avait pas sa mine rétive, crispée sur l'intention de me faire purger ma peine. Au contraire, elle semblait abandonnée à des pensées radieuses, comme si son entrevue avec le petit Isaac réveillait sa capacité d'étonnement, lui redonnait confiance dans le mystère des choses, comme si l'évidence s'était imposée : il s'agissait bien de moi à huit ans et demi, non d'une simple ressemblance.

Elle était assise à son petit bureau, elle contemplait un rai de lumière, puis elle s'est tournée et m'a enveloppé d'un regard doux. Si je ne rêvais pas, si ma femme me couvait des yeux à nouveau, alors mes retrouvailles avec le petit garçon que j'avais été trouvaient leur sens, remplissaient pleinement une fonction de pardon, de réconciliation, et je pouvais mourir en paix. Mon incarnation avec soixante-sept ans de moins me semblait à peine plus extraordinaire que cette nouvelle Liliane m'aimant de façon inconditionnelle, pour ce que je suis dans ma chair, en deçà de mes agissements, comme elle m'aimerait peut-être après ma mort, dans le souvenir de l'être, au-delà de ce que j'aurais seulement fait.

Bien sûr, si un juge me guettait, il devait dresser la liste de mes actes. Du concret, de quoi me juger. J'ignorais quel serait le verdict.

J'aurais voulu me battre davantage contre l'injustice, mais j'étais loin de la contrition. J'avais fait ce que je pouvais, c'était peu, un peu quand même. Médiocre comme épitaphe. Mais magnifique de vérité dans les yeux de ma femme. Car n'ayant été ni un héros ni un scélérat, ce ne serait pas mes actes qui éveilleraient le souvenir, mais mon rire, ma voix, les mots que j'emploie, mes gestes, ma démarche, ma silhouette, ma pomme d'Adam saillante, mon grain de beauté sur la joue gauche, mes pieds grecs… Suite à mon décès, la stupeur devant ma disparition ferait écho à l'émerveillement de mes proches à ma naissance. Puis, avec les ans, les décennies, dans un renoncement paisible, je me fonderais à tous les disparus et constituerais l'épaisseur du temps.

J'ai suivi encore l'onde infinie de mes songes, ils se sont transformés en lucidité vaseuse me permettant d'embrasser tout et rien à la fois, de coller à l'univers en observant Liliane. À présent, elle allait et venait dans l'appartement. Je vais me lever, me disais-je, je vais la serrer dans mes bras. Je me suis souvenu de mon maître d'école, il nous expliquait que le cerveau devait ordonner au bras de bouger pour qu'il bouge et aux jambes de marcher pour qu'elles marchent. Je vais me lever. Allez, hop, debout ! Et non, toujours pas, cela demandait trop d'effort. J'ignorais qui en décidait de mon cerveau ou de mes membres, mais je ne me levais pas. J'allais peut-être finir par mourir de fatigue. Je regardai Liliane. Je décidai de parler, de l'étreindre avec les mots.

– Tu ne peux pas imaginer comme ça m'a fait plaisir que tu vois le petit. Merci, c'était très important pour moi. Tu sais, je te l'ai déjà dit, mais je te le redis aujourd'hui : je n'ai jamais aimé que toi, tu es mon bonheur, tu es ma vie…

Elle a écarquillé les yeux de façon comique. J'ai ri et lui ai demandé de venir près de moi. Elle a hésité mais elle est venue. Je l'ai enlacée.

– Tu vois… Même devant un miracle, j'ai besoin de tes yeux pour voir, et aussi de ton cœur pour comprendre.

– Quel miracle ?

– Le miracle, le prodige de me trouver face à l'enfant que j'ai été à huit ans et demi.

Elle s'est détachée et m'a observé en me demandant si ça allait.

– Oui, je vais très bien. C'est difficile à croire mais c'est un fait. Je ne fais que dire l'évidence. Et d'ailleurs, ne mens pas, je l'ai vu dans tes yeux, tu as été bouleversée…

Elle m'a regardé comme si j'étais malade. Puis elle m'a parlé en détachant les mots, comme pour augmenter mes chances de la comprendre.

– J'ai été surprise par votre ressemblance, oui. Et par le fait qu'il s'appelle Isaac. Mais il n'est pas toi. Ce n'est même pas envisageable. Toi, c'est toi, et lui, c'est lui.

Une déflagration interne s'est produite mais je n'ai pas explosé, je n'ai ni bondi ni crié, je me suis concentré sur un spasme de colère pour m'assurer que je ne succombais pas, sur l'ersatz d'une tempête dont je n'étais plus capable en fin de journée, mon cœur nécrosé renonçant aux ouragans à l'heure du potage.

– Isaac, enfin… Toi tu as soixante-quatorze ans, tu t'appelles Isaac Delmar, tu es juif, et tu as passé ton enfance au Maroc. Lui, il a huit ans, il s'appelle Isaac Pinto, il est chrétien, et c'est un petit parisien.

– Pinto, c'est comme Delmar, ai-je répondu d'une voix atone malgré le dépit et la révolte qui me tenaillaient. Ces gens sont d'origine juive mais ils l'ignorent, ce sont des marranes, ils ont tout fait pour se convertir au catholicisme, le père du petit m'a même raconté que son aïeul, qui s'appelait Isaac lui aussi, comme par hasard, avait payé les travaux d'une église au Portugal ! Qu'est-ce qu'il te faut de plus ?

– Isaac, qu'est-ce que tu racontes ? Même si cet enfant est d'origine juive, et qu'il s'appelle Isaac, et qu'il te ressemble follement, il ne peut pas être toi ! Tu comprends ?!

– Et son grand frère qui a disparu ? Le pauvre petit attend son retour mais à mon avis il est mort, et ses parents n'ont pas encore trouvé le courage de le lui dire !... Et le grain de beauté sur la joue gauche, tu l'as vu ? Et le fait qu'il ait les pieds grecs ? C'est beaucoup plus que de la ressemblance, tu l'as vu toi-même ! J'ai vu que tu l'as vu !

– Tu m'inquiètes Isaac, je me demande si je ne vais pas appeler le docteur… Une telle confusion mentale, c'est peut-être l'annonce d'un AVC, a-t-elle ajouté comme si elle réfléchissait tout haut.

C'en était trop. J'ai trouvé la force de me lever, j'ai fait quelques pas dans le salon et suis revenu me planter devant elle.

– Je vais très bien tu vois, aucun vertige, aucun engourdissement, aucun signe de rigidité, ai-je affirmé en malaxant mes joues pour prouver l'élasticité de mon visage, pas le moindre AVC ! Et je suis plus lucide que jamais. Cette fois-ci, je ne peux plus me mentir, je suis obligé de l'admettre : tu es étriquée de l'intérieur, tu n'as aucune grandeur de vue. Tu as gâché ma vie parce que tu es une femme étriquée. C'est ça la vérité !

J'ai entrepris de retourner la cave méthodiquement, carton après carton, sac après sac. Au bout de trois matinées à fouiller et de trois après-midis à me reposer, j'en étais à peine aux deux tiers et je n'avais toujours pas trouvé ma photo.

Le premier matin, j'avais rompu un silence maintenu depuis la veille en demandant à Liliane si elle se rappelait où elle avait placé les photos dans la cave. – Non, souviens pas, j'ai la mémoire trop étriquée, m'avait-elle répondu.

Le troisième matin, poursuivant ma fouille méthodique, j'ai tiré une vieille valise. Elle était bondée de photos.

– Tu t'en souvenais forcément, ai-je lancé en rentrant.

– Oui mais je n'avais pas envie de t'aider car je suis une femme étriquée, et méchante en plus !

Mais aucune trace de ce portrait de moi dans la valise. J'ai supplié Liliane de réfléchir à l'endroit où il pouvait se trouver. Elle l'ignorait, elle me l'a juré. Une seule chose était sûre selon elle : j'avais, sur cette photo dont elle se souvenait très bien, exactement la tête du petit Isaac

Pinto. Sauf que, même en l'ayant sous les yeux, elle maintiendrait que moi, je restais moi, et que lui, il restait lui. Étriquée ou pas, jamais elle ne changerait d'avis.

J'étais déçu de ne pas avoir convaincu Liliane. J'ai pourtant décidé de l'accepter et même de le comprendre. Peut-être étais-je le seul à sentir l'évidence qu'il s'agissait de moi enfant. Mais je ne pouvais pas m'en contenter. Si le petit garçon que j'avais été se trouvait réincarné, ce n'était pas pour rien. Si cet être devenu abstrait dans mon souvenir, mélange d'innocence et d'impatience d'en découdre avec une vie d'adulte qui m'avait raflé Jacob, si ce môme annihilé par les années avait soudain pris corps, ce n'était pas par hasard. Quelque chose devait se jouer entre lui et moi. Cette histoire de photo m'avait occupé l'esprit pour laisser filer quelque temps sans chercher à le revoir, mais les jours continuaient de passer, écrasants d'ennui, lourds de vacuité, comme si rien de prodigieux n'avait eu lieu. Perché sur mon balcon, je guettais le petit Isaac, je l'avais vu une fois s'énerver sur son skateboard, une autre fois passer avec une femme, sûrement sa mère... Et rien de plus.

Je me suis excusé auprès de Liliane concernant le terme « étriquée » et la formule « gâcher ma vie ». Puis j'ai réaffirmé ma conviction intime tout en convenant qu'elle ne puisse pas la partager, et je l'ai informée de ma décision de provoquer une rencontre avec les Pinto pour leur parler des places de foot. Je prévoyais de passer le plus souvent possible devant chez eux et d'arpenter les rues commerçantes.

Ces jours d'errance dans le quartier nous ont rapprochés Liliane et moi car je lui racontais comment mes déambulations factices me rappelaient les heures passées en bas de chez elle à Rabat quand j'étais étudiant. Je prenais le train à Casablanca, j'avais tout le temps pendant le trajet d'imaginer notre rencontre. Parfois, Liliane apparaissait toute seule alors je pouvais courir vers elle et l'accompagner un bout de chemin, parfois sa mère l'escortait alors je me contentais de la voir passer. Rien ne me faisait peur dans ma plénitude, ni la distance ni le temps, j'étais plus fort que les heures, la chaleur, la nuit. Ce n'était plus le cas à présent, je l'ai vite compris. La station debout m'épuisant autant que les déplacements vains, j'ai déterminé un circuit entre trois défibrillateurs, et je l'ai effectué plusieurs fois par jour, comme un parcours de santé.

À ce rythme, je craignais de voir le mois de juillet filer sans pouvoir reprendre contact avec le petit Isaac. Au plein cœur de l'été, à une date qui m'était inconnue, il s'en irait au Portugal et je devrais attendre septembre pour le revoir, ne serait-ce que l'apercevoir depuis mon balcon. Nous devions aussi partir en août, Liliane ne manquait pas de me le rappeler.

En rentrant de ma ronde dans le quartier, désespérant de forcer le hasard d'une rencontre, j'ai trouvé un jour Liliane au téléphone avec Claire. Ma femme exposait ma nouvelle lubie : « C'est ça ma chérie, l'enfant qu'il était est revenu pour rencontrer le vieil homme qu'il est devenu, et ils ont plein de choses à se raconter. Voilà, tendance bipolaire, il vit des choses extraordinaires, il est tout excité, et puis tout d'un coup il va basculer dans la déception, il verra tout en noir, et c'est moi qui vais devoir le ramasser ! »

Je me suis assis en face de Liliane et elle a continué de parler de moi comme si je n'étais pas là, tout en me fixant des yeux. Je trouvais la situation surréaliste mais elle ne me dérangeait pas, ou bien j'étais trop fatigué pour réagir. Cela préfigure les jours où je ne serai plus là, ai-je pensé, toutes les fois où Liliane m'évoquera en mon absence. J'ai imaginé ma femme assise à la même place, dans la même position, parlant de moi à ma fille au téléphone mais à l'imparfait. Au début, ce choix du passé lui semblerait sacrilège puis elle l'emploierait sans retenue car à force d'évocation elle me sentirait toujours à ses côtés, l'absence et la présence deviendraient les deux facettes de mon être. Soudain, j'ai pris conscience de mon penchant à croire que j'allais manquer à Liliane. Quelle présomption ! Elle profiterait peut-être de mon décès pour s'offrir une seconde jeunesse. Je l'imaginais redécouvrir le tremblement d'un premier baiser avec un autre homme, ou plutôt avec une femme puisqu'à ma connaissance elle ne m'avait trompée qu'une fois mais avec une collègue. J'avais échafaudé une théorie selon laquelle il s'agissait seulement d'une toquade. J'y croyais. Pourtant cette version m'apparut fragile, risible même, je n'avais peut-être rien compris. D'autant que sa pension de réversion serait conséquente. Non, mon vieux, non, me disais-je, tu dérailles, tu la connais Liliane... Mais j'ai été interrompu par sa conversation téléphonique : Claire avait ma photo ! Elle adorait ma bouille, mon air tellement craquant dans mon costume de marin trop grand !

Elle nous a envoyé une photo de la photo. Sans surprise, en revoyant ma tête d'enfant, ma conviction s'est confirmée comme face à une preuve : Isaac Pinto d'aujourd'hui n'était autre que moi, Isaac Delmar de 1952. Mais Liliane n'a pas changé d'avis.

Le lendemain, fort de ma preuve, j'ai sillonné la rue du petit Isaac, je me suis caché à des points stratégiques dans l'intention de surgir au moment opportun, j'ai patienté sans sentir la fatigue. J'avais hâte de le retrouver pour lui donner cette photo de lui, de moi. À ses parents aussi, je pouvais la montrer. Si l'évidence leur était insupportable, j'étais prêt à me coucher devant leurs certitudes. S'ils étaient soumis, comme Liliane, à l'incapacité de percevoir l'extraordinaire dans l'ordinaire, le miracle d'un être plutôt que rien, la merveilleuse machine du corps humain, de tous les corps, de la rotation des planètes... Je ferais mine de croire moi aussi que rien n'est possible au-delà de l'entendement, et je validerais l'insipide postulat d'une ressemblance entre le petit Isaac et moi. Ses parents seraient pour le moins prêts à reconnaître un air de famille et à envisager un lien de parenté, même éloigné. Je devais m'en tenir à mon objectif : revoir le plus souvent possible l'enfant que j'avais été, apprendre à le connaître, l'inciter à m'aimer.

Comme personne de la famille Pinto n'apparaissait dans la rue, je me suis décidé à sonner chez eux. Mais rien.

J'étais exténué en rentrant à la maison. Le lendemain, à court d'énergie, j'ai renoncé à sortir. J'ai vu Liliane à mon chevet, tentant de me « ramasser » comme elle l'avait prédit. Le prodige était inutile, il était vain, et cela me terrassait. Je m'en voulais de ne pas parvenir à le révéler au monde ni à m'affranchir des contingences, de l'autorisation des parents Pinto, des dates prévues pour les vacances, de toutes ces inepties m'empêchant de revoir le petit Isaac. Je cherchais des exemples pour faire comprendre la situation à Liliane. « C'est comme si Moïse renonçait à gravir le Mont Sinaï parce qu'il a une légère tendinite, tu comprends ? » Non, elle ne comprenait pas, au contraire, elle commençait à se demander si je ne me prenais pas pour le Messie. « C'est comme si ta sœur, avec laquelle tu es fâchée depuis vingt ans, se trouvait derrière la porte, prête à s'excuser, à se jeter dans tes bras, mais que finalement elle renonçait et partait sans te voir parce que la sonnette ne marche pas ! » J'estimais qu'il s'agissait d'un excellent exemple, mais visiblement non, je ne pouvais pas trouver pire.

Quelques jours sont passés entre le lit et le balcon. En guettant vainement le petit, je l'ai imaginé. Il s'ennuyait, il restait prudent avec son skateboard, il devinait peut-être ce qu'est la vie comme un vieil homme en fait le constat : une impuissance qui vous cloue au sol alors que vous pourriez vous envoler avec votre skate, qui vous cloue au lit et vous plonge dans le rêve universel de mourir dans votre sommeil... Mais mes yeux se sont ouverts sur chaque nouveau matin. Jusqu'au jour où le petit Isaac est apparu sous mon balcon. Je suis donc descendu le retrouver.

– Bonjour Isaac.

– Bonjour Isaac, m'a répondu mon petit double.

Il m'a regardé pour la première fois comme dans un miroir, en toute confiance, toute reconnaissance. Il devinait que nos destins étaient liés.

– Tiens, j'ai une surprise pour toi.

Je lui ai tendu la photo que j'avais imprimée.

– Oh, c'est moi !... Où tu l'as trouvée cette photo ?

– Chez moi.

– C'est bizarre parce que j'ai jamais eu cette veste et ce chapeau.

– C'est un costume de marin.

Il m'a regardé, plein de stupéfaction et de candeur. Je lui ai caressé la tête et me suis accroupi pour regarder la photo avec lui. Le fond neutre n'indiquait rien de l'époque ni du pays où ce portrait avait été réalisé. Et malgré le noir et blanc, le tirage récent pouvait induire une impression de nouveauté.

– Tu comprends maintenant : c'est une photo de moi à ton âge. C'est très étonnant, je sais, mais je crois que nous sommes la même personne à deux âges différents.

– Tu y crois pour de vrai ?

– Je ne crois en rien, tu sais, je suis un scientifique. Sauf que là, c'est une évidence. Il faut apprendre à accepter le mystère. Mais tu es libre de ne pas voir les choses comme moi bien sûr, et…

– Papa !, s'est-il écrié en courant vers Monsieur Pinto qui arrivait dans mon dos.

Je me suis relevé. Le petit Isaac montrait la photo à son père. L'homme scrutait l'image. Puis, le visage dur comme un poing, il s'est approché et me l'a tendue.

– Vous prenez mon fils en photo ? Vous le déguisez et vous le prenez en photo ?!

Il n'a rien écouté à mes dénégations. Il m'a sommé de me taire quand je lui ai dit qu'il s'agissait d'une photo de moi, et il a balayé de la main le blabla que j'avais prévu au sujet de mon extraordinaire ressemblance avec l'enfant. Enfin, il a ordonné au petit Isaac de lui donner une explication.

– C'est vrai papa, je te jure, répondit-il stupéfait, on dirait que c'est moi mais… J'ai jamais vu ce déguisement et il ne m'a jamais pris en photo. Je te jure !

Le père a crié que ça suffisait, qu'il ne voulait plus jamais avoir affaire à moi, qu'il porterait plainte si je continuais de rôder autour de son fils. Puis il l'a saisi par le bras et l'a ramené chez lui.

Je n'ai pas eu à attendre longtemps le lendemain sur mon balcon : comme par hasard, à l'heure habituelle, comme si nous nous étions donné un rendez-vous tacite, le petit Isaac est apparu avec son skateboard. Il m'attendait malgré l'interdiction que j'avais de le revoir. Je devais me montrer serein pour le rassurer car l'histoire ne faisait que commencer.

– Partez !

– Pourquoi ?

– Maman me surveille, elle va me punir si je vous parle !

– Tu me vouvoies maintenant ?

– Partez, je vous dis, je vous déteste !

– Non, tes parents peut-être, mais pas toi.

– Si. Parce qu'ils disent que c'est moi sur la photo, et ça c'est malsain.

– Dis-moi ce que tu penses vraiment au lieu de répéter les mots de tes parents.

– Je vous déteste parce je vais être puni peut-être, et je n'irai pas en vacances au Portugal, et je ne verrai pas mon frère peut-être, à cause de vous !

– Ce serait bien que je la voie ta maman, il faut que je lui parle… Elle est là ?

– Mais partez, je vous dis ! Si vendredi matin je ne pars pas au Portugal, je me tue !

Il m'a fait peur. Il pleurait de rage.

– Ok, Isaac, je m'en vais… Retiens juste ça : si un jour tu veux me revoir, tu me fais un signe… Regarde, je peux te voir depuis mon balcon là-bas. J'y serai tous les après-midis. Si tu veux, tu me fais signe et je descends, ok ?

– Mais non, vous êtes vieux ! Vous êtes vieux et taré dans la tête !

Il a balancé son skateboard par terre et a bondi dessus en direction de chez lui.

Je ne pouvais pas faire comme si je n'avais pas entendu son insulte, elle m'avait blessé. Mais je l'ai mise sur le compte de la peur d'affronter la vérité. Il avait si peur qu'il menaçait de se tuer, même s'il le présentait comme un mouvement d'humeur au cas où ses parents le punissent en annulant ses vacances. La façon dont ces gens éduquaient leur enfant m'échappait. Mais je savais une chose : il sentait malgré lui que j'étais dans le vrai. Sacré Isaac, je le reconnaissais bien ! Quelle tempête sous sa petite tête, quel combat intérieur ! Je me suis souvenu de l'époque où le même petit Isaac attendait son grand frère Jacob sur les marches de la maison malgré l'annonce de sa mort. Il trouvait absurde cette disparition soudaine et n'arrivait pas à y croire. À la seule idée de l'accepter comme le faisait le reste de la famille, il était foudroyé par la culpabilité. Qui sait ? S'il attendait Jacob en croyant vraiment à la possibilité de son retour, il le verrait peut-être apparaître au bout de la rue dans sa 203... Avec le temps, il a admis son décès. Aujourd'hui, me disais-je, de la même façon, le petit Isaac refuse d'accepter l'aberration qui s'impose. Et puis, petit à petit, il cédera.

J'étais lucide, il m'avait clairement manifesté son rejet. Mais je restais serein, j'avais confiance en moi, aussi bien en mon incarnation d'enfant qu'en celle de « vieux taré dans la tête ». À vrai dire, j'alimentais un espoir secret, celui de voir le petit Isaac jouer avec son skateboard le vendredi suivant... Il avait bien dit qu'il devait partir le matin, donc s'il se trouvait encore là l'après-midi, c'est que ses parents se seraient opposés à son départ en vacances. J'avais un peu honte de désirer l'accomplissement d'une punition tellement injuste, mais j'entrevoyais les opportunités de nous revoir s'il passait tout le mois d'août coincé à Paris, je rêvais de multiples rebondissements possibles. Les parents finiraient bien par croire à la thèse de l'extraordinaire ressemblance, ce serait déjà ça.

Les jours se sont donc succédés en attendant le vendredi. J'ai aperçu une fois le petit Isaac avec sa mère... Je restais paisible. Enfin, je le croyais, jusqu'au soir où une réflexion de Liliane m'a mis dans un tel état de colère que toute notion de sérénité s'est fracassée.

Nous regardions la télévision au lit. Moi avec un œil sur mon journal, elle sur Twitter ou je ne sais quoi, l'un de ses trucs modernes essentiels pour s'arroger un sursis avant la vieillesse, notre différence d'âge ne lui suffisant pas. En ce qui me concerne, je suis un archétype du passé, et j'y tiens, comme je tiens mon journal car j'aime les objets, je suis un corps qui tient des choses et qui tient à des choses comme à ne pas être incinéré, je deviendrai lentement poussière, mes os resteront sous terre, je ne veux pas m'en abstraire, je ne suis pas abstrait, je ne suis pas virtuel, je suis concret, un jour je tomberai, je me prendrai les pieds dans le fil comme j'aime à le dire, car je suis un téléphone avec fil, un homme obsolète, qui fonctionne encore mais dont personne n'a besoin, qui marche encore mais qui n'a nulle part où aller… « Arrête de te plaindre », me dirait Liliane, « arrête de râler ! ». Mais ce soir-là, je ne disais rien, et elle non plus. Nous respections notre *statu quo* paisible, moi dans ma lubie, elle dans son déni. Nous avions avalé notre soupe, partagé un morceau de fromage, et reposions côte à côte devant un vieux téléfilm sans intérêt, quand elle s'exclama :

– Oh regarde, la fille là !… La rousse, celle qui joue la secrétaire !

– Et ben quoi ?

– Tu ne la reconnais pas ?… C'est une voisine ! Elle habite dans l'immeuble !

– Ah bon ?

– Mais si ! Je ne savais pas qu'elle était actrice ! Bon, là elle est plus jeune, plus mince aussi, mais c'est elle ! C'est sûr !

J'ai bien regardé. J'ai attendu de revoir apparaître cette secrétaire, j'ai compris de qui Liliane voulait parler :

– Oui, troisième étage gauche… Sauf que ce n'est pas elle. Rien à voir, à part le fait qu'elle soit rousse. Et puis elle n'est pas actrice…

– Qu'est-ce que tu en sais ?… C'est elle je te dis, c'est évident ! Mais c'est dingue, ouvre les yeux un peu ! Comment c'est possible d'être aussi peu physionomiste ?!

J'ai haï son mépris, sa certitude, sa façon de s'exalter pour l'éventuelle apparition d'une quelconque voisine dans un vieux téléfilm stupide. Je me suis redressé sur le lit, je me suis mis à hurler, je me souviens avoir eu envie de taper Liliane, de l'étrangler, de ne plus jamais voir sa tête, son expression tellement à elle, toujours vissée, sa tronche exaspérante, et je me souviens d'avoir employé des mots vulgaires comme « putain mais qu'est-ce qu'on en a à foutre que ce soit elle ? », puis j'ai continué en disant qu'elle avait de la merde dans les yeux, et j'ai répété, « oui, parfaitement, ce n'est pas avec la merde que tu as dans les yeux que tu vas me donner des leçons !... Pas foutue de me reconnaître moi quand tu vois le petit Isaac, et tu viens me donner des leçons de physionomie à moi ! À moi ! » J'ai voulu me lever mais j'ai éprouvé une sensation de vertige tellement la colère m'oppressait. Alors je me suis allongé et j'ai essayé de respirer profondément sans bouger, de retrouver mon calme. J'ai fermé les yeux en tentant d'oublier le visage ulcéré de Liliane, son air d'innocence meurtrie. Je me suis concentré sur ma respiration pendant plusieurs heures et j'ai fini par m'endormir.

Il y a eu un lendemain. J'en ai été surpris car, selon mon cardiologue, les très fortes colères augmentent le risque d'infarctus dans les heures qui suivent. Je me suis reposé toute la matinée et j'ai passé l'après-midi sur le balcon sans voir le petit Isaac. De même le jour suivant, c'est-à-dire le jeudi. Repos, puis balcon. Aucun échange avec Liliane, aucun effort ni de sa part ni de la mienne. En ce qui me concerne, seule comptait l'attente du lendemain.

Le vendredi à quatorze heures, j'ai pris place sur le balcon. J'avais trouvé un angle de vue d'où je pouvais guetter le petit Isaac tout en restant assis sur ma chaise. Je devais rester coincé dans une position inconfortable, la tête un peu penchée en avant, mais cela m'évitait de rester debout. Je fixais le vide, je percevais la torpeur de Paris en plein été. J'étais comme anesthésié malgré mon anxiété profonde, anesthésié de façon à supporter sans trop d'émoi l'absence du petit Isaac autant que son apparition. Et s'il était parti au Portugal? Et bien je m'imaginais suivre Liliane dans les Landes... Et si je ne retrouvais plus jamais la possibilité d'entrer en relation avec lui? Et bien tant pis. Acceptation. Tout n'est jamais qu'acceptation en vieillissant. « Et bien tant pis », disait Liliane elle aussi. Je l'entendais parler au téléphone avec Claire dans le salon, tant pis si son père préférait passer le mois d'août sur son balcon à Paris plutôt qu'au bord de la mer, tant mieux même, Liliane finissait par l'espérer, ça lui ferait enfin de vraies vacances! Elle savait que je l'entendais alors elle en rajoutait, j'en étais convaincu. Et cela me plaisait. On ne pouvait pas s'empêcher de se chercher tous les deux, c'était notre vie, comme un ronron quotidien, un grognement plutôt.

J'ai bondi en voyant apparaître le petit Isaac. Je me suis dressé contre la rambarde en m'assurant d'être bien visible d'en bas. Il a marché tout droit, son skateboard sous le coude, l'air déterminé comme jamais. Quelque chose avait changé, sa colère lui donnait de l'assurance, il n'était plus le petit garçon exaspéré trépignant dans son coin. Si les Pinto avaient maintenu leur punition injuste, c'est qu'ils ne méritaient pas de l'avoir comme fils. Le petit Isaac allait devoir grandir plus vite que prévu, et devenir maître de son destin. Je devinais tout cela, je le sentais prêt à braver les interdits, je reconnaissais cette exigence de liberté qui s'était imposée à moi dès le plus jeune âge. Dorénavant, il allait accepter le lien extraordinaire qui nous attachait l'un à l'autre, tout comme il se sentait relié à moi de loin, se savait sous mon regard. Il est allé en amont de la sortie du parking sous-terrain. Puis il s'est arrêté, il a posé son skate à ses pieds, et il a attendu. Je n'ai pas compris. J'ai trouvé cette attitude étrange mais je n'ai pas compris. J'ai entendu la voix de Liliane derrière moi, elle disait: « Il fait ce qu'il veut, je m'en fous », mais je m'en foutais aussi, seul le petit Isaac m'importait, et il ne bougeait pas. Il est resté figé de longues minutes sans que je comprenne pourquoi. Soudain il m'a regardé et il a levé le bras. À peine ai-je eu le temps de réagir, de lui adresser un signe, qu'il s'est retourné. Et là seulement j'ai compris, là seulement j'ai vu la petite borne qui s'était mise à clignoter devant la sortie du parking pour prévenir de l'arrivée d'une voiture. Il a pris de l'élan sur son skateboard. J'ai voulu crier mais aucun son n'est sorti, il m'a semblé au contraire que je m'étranglais. Le petit Isaac s'est laissé glisser à toute vitesse vers la sortie du parking au moment précis où une voiture sortait. J'ai fermé les yeux mais j'ai entendu le choc, puis les crissements de pneus aussi incisifs que la douleur qui irradia ma poitrine. Je me suis effondré sur ma chaise et, alors que j'entendais une voix de femme hurler « Isaac ! », sûrement Madame Pinto, j'ai senti que je glissais sur le sol du balcon. J'ai tendu la main, j'ai appelé Liliane aussi fort que j'ai pu. J'ai dit « Liliane, je t'en prie ». Mais elle n'a pas répondu. Je sentais sa silhouette derrière les voilages, sa silhouette qui ne percevait ni ma voix, ni le fracas de ma chaise renversée. « Liliane, tu ne m'aimes vraiment plus ? », ai-je songé à lui demander. Mais la force de parler m'avait quitté. J'ai entendu des sirènes dans la rue. J'ai fermé les yeux. J'ai souri à l'enfant que j'étais. Il m'a souri aussi. Dans le silence qui m'a envahi, j'ai seulement entendu Liliane crier « Isaac ! Isaac ! ! », puis m'étreindre et m'appeler encore.

DU SUJET AGISSANT À L'OBJET DÉLAISSÉ[1]

Claude Caillart

Ceux qui clopin clopant vivent en « faim » de vie,
Quand leur vieillissement les saisit sans avis,
Ont droit qu'à leur chevet un enfant vienne et crie.

Ces Vieux qui sont debout, ces Vieux peuvent encore
Parler au nom des Vieux et porter leurs propos,
Ceux qu'ils ont exprimés pour être utilisés.

Ces vieux qui sont sujets, ces vieux qu'on objective,
Se gardent de vieillir, et de se vivre en vieux ;
Ils ont l'envie de vivre, et de participer.

Singuliers solitaires ou pluriels solidaires,
Ils ont des choses à dire à ceux qui les écoutent.

Ces vieux qui se répètent, *qu'on* oublie aussitôt,
Ces vieux *qu'on* considère, comme *con*sommateurs.
(A force de dire *« qu'on »*, on va finir par l'être.)

Ces vieux qui se *con*sument, mais qui aussi *con*somment,
Ces vieux achètent moins, mais ne gaspillent pas,
Et poussés à l'achat, ils hésitent à jeter.

Des vieux servant encore, et d'autres que l'on sert,
Certains donnent du lien et d'autres sont soignés.

---

1. D'après Victor Hugo et d'autres, plus anciens et plus jeunes.

Ceux désirant encore, durement, la durée,
Ceux qui durent longtemps, et ceux qu'on fait durer.

Avoir un coup de vieux, alors qu'on se croit jeune,
Débinant les boomers, qui les disent débiles.

Ceux qui ne font plus rien, ou renoncent à faire,
Ceux qui sont très usés, mais quand même usagers.

Ceux qui gaillardement ont encore des envies,
Ont droit que dignement on respecte leurs vies.

Ceux qui sont producteurs de valeurs ajoutées,
Ou qu'on voit en produits de valeurs prélevées.

Ceux dont la dent fut dure, ont la gencive molle,
Et vont vieillardement dans une marche folle.

Vieux, suprêmes sujets de vos vieillissements,
Finirez-vous objets, ou sujets délaissés ?

LA NOSTALGIE EST-ELLE CE QU'ELLE FUT ?

Philippe Gutton[1]

SAVOIR

Le mot fut créé au XVIIe siècle par un médecin en Suisse soignant la nostalgie des troupes de ce pays qui occupaient l'Alsace. Il signifie d'abord une affaire d'espace : la douleur (*algos*) de ne plus être au foyer et d'imaginer un retour impossible (*nostos*), et de ne plus être compris dans sa langue maternelle. Il y a de la perte de l'Autre intime dans ce sentiment. C'est la douleur de l'émigré et dans les classifications de la pathologie, elle put même figurer comme une « émotion mortelle ». Ne peut-on mourir d'être loin ? Se peut-il que l'exilé soit un homme en paix ? Se peut-il que les « personnes déplacées » vivent en elles-mêmes un destin de victime ? Même si le retour se produit ou est imaginé, la rupture qui un jour a eu lieu, le grand départ, n'est-il pas un mal irréparable ? Généralisons audacieusement, l'émigration n'est-elle pas une évolution que l'on ne peut éviter ? Milan Kundera, exilé de Prague et installé en France (il écrivit en français), travaille avec l'humour qui est la source vive de son inspiration de romancier. Dans *L'ignorance*[2], ses deux héros Iréna et Josef ne redécouvrent ni ne découvrent en revenant à leur terre natale le « comment vit-on à Prague aujourd'hui ? ». Il et elle ne peuvent se retrouver qu'en amoureux adolescents.

Ce mal du pays s'est modifié au cours de son histoire conceptuelle et le dictionnaire le nomme : « mal du passé ». Une telle émotion participe au vieillissement, c'est l'obsession douloureuse d'un retour impossible au passé. Le vieux se ressent dans une rupture avec la jeunesse et l'apparition d'un univers étranger d'où le passé paraît lointain, peut-

1. Philippe Gutton, écrivain, psychiatre, psychanalyste, professeur des universités (Sorbonne, Paris VII Denis Diderot).
2. Kundera, M. (2000). *L'ignorance*. Paris, France : Gallimard, 2003.

être même incompréhensible. Ce mal inspire des sentiments négatifs tel le *regret* de ne pouvoir revenir dans cette réalité quotidienne et plus encore de quitter le passé. Même et surtout lorsque le souvenir se présente et parfois abonde. Vieillir, c'est perdre beaucoup dans le présent de ce qui avait permis bien des jouissances et bien des progrès. La nostalgie serait-elle la douleur de se les rappeler et d'en retrouver l'imaginaire ? Que devient l'existence humaine quand on s'installe pour vivre dans un monde qui a cessé de le considérer et l'aimer ? *C'était mieux avant*[3], un livre fort précis sur le grand âge, qui entend installer la nostalgie au centre des sentiments du vieillir comme un attrait impossible pour remonter le temps. La nostalgie du temps est le sentiment d'avoir été séparé, coupé d'un « bon âge ». Ne serait-ce pas quelque chose d'inhérent à la nature humaine, une façon de vivre ? Le ressenti de l'avancée en âge irrémédiable (quel que soit l'âge), progressive, s'infiltrant ou événementielle (la retraite par exemple). Il y a là non pas comme on dit une prise de conscience mais un ressenti qui s'infiltre dans les moments de la vie comme un parasite mystérieux. Il impose de comparer : le présent se rétrécit, l'avenir est détérioré par la finitude et le passé n'est qu'un irréel perdu (le robot ne peut « l'augmenter » ce serait un mensonge !). Nous ne pouvons ignorer de se méfier du passé comme on se méfie de l'avenir. Cette douleur est l'entrée dans une époque qui n'est plus la même, celle des renoncements successifs, celle du déplaisir, de l'inutilité, de la dépendance, de l'incertitude. A. Gide vieillissant le ressentait avec force, ce qui l'amenait à souhaiter ne vivre que dans le présent : « une présentification » dit-il du vécu. Peut-on ne « vivre qu'avec son temps » ?

Ulysse partageait avec la déesse Calypso une *dolce vita*. Jeune encore, il pensait, nous dit Homère au cinquième chant de *L'Odyssée*, épopée de la nostalgie, que « pourtant le seul vœu que chaque jour je

3. Serres, M. (2017). *C'était mieux avant.* Paris, France : Le Pommier.

fasse est de rentrer là-bas, de voir en mon logis la journée du retour »[4] : retrouver Pénélope « sans grandeur ni beauté »[5]. Quand, avançant en âge, il retrouva son île, il eut du mal à la reconnaître; au fond il l'ignorait, regretta-t-il ensuite son errance? Il me semble qu'il est possible de dessiner deux voies de cette « mémoire du cœur » cherchant au présent le retour impossible du passé. L'une négative, lorsque le temps de la mémoire se limite et est défaillante, la nostalgie à sec sans souvenir est un fardeau. L'autre positive est une attente ré-animante, re-créatrice de souvenirs.

1 - « Vieillir est un éloignement, restons-en là ». Vieillir isole non seulement de ses autres, au quotidien de ses habitudes, sa famille même, mais également de soi, de ce qu'on était avant. « Y-a-t-il une relation possible entre ce que je fus et ce que je suis ? ». Voilà les images de la fragilité où mène le vieillissement ! « Reconnaîtrais-je ces personnes figurées dans les albums de famille à des âges divers ? ». « Le passé n'a plus de sens... Je ne m'y trouve guère... Ce serait si bien de s'y retrouver et je ne me reconnais pas ». « Séparation profonde, fracture ouverte, je ne suis plus moi, je ne me reconnais pas, je ne reconnais pas mes proches et moi-même dans le miroir; un espace de vide se creuse par rapport à la personne que j'étais ».

2 - Cette émotion mémorielle négative incite à agir et à penser avec le passé. Un exemple simple; une femme âgée à qui son médecin venait de dire qu'elle allait mourir dans les jours ou semaines qui viennent, dit à sa servante: « Apportez-moi mon tricot. »

Le sujet est incité au travail de rechercher/retrouver des souvenirs; tel ou tel fragment particulier du passé, triste parfois, certains événements clés ou critiques. Quand on est jeune, on ne le sait pas puisqu'on

4. Kundera, M. (2000). *L'ignorance. Op. cit.*, p. 12.
5. *Ibid.*

le vit. Quand on vit moins on sait beaucoup. L'effet « Madeleine de Proust » est « vieillir isolé, mais je ne suis pas seul car je me retrouve ». Peut se réveiller une certaine activité comme un retour sur la vie passée qui se poursuivrait aujourd'hui, quand même. Ce souvenir, disons-le, est au mieux un moment de partage avec ces autres qui non seulement le firent naître mais qui écoutèrent son récit. Oui, nous sommes plusieurs en ce retour au passé métamorphosant un départ historique en un retour au pays natal. Il y a des amis privilégiés qui me font revivre ce que je jouais et ce que j'étais. Ils me relatent des moments certes nostalgiques mais dans lesquels des éclats de bonheur s'esquissent. Moments discontinus mais leur continuité est possible dans l'échange de récits ; c'est une illusion créée par la nostalgie. Ainsi L'oncle Vania[6] entretient les terres du vieux professeur (de façon écologique). Ses amis font récit de leurs perceptions et souvenirs ; ils l'écoutent avec chaleur. *Quelle empathie* grâce à laquelle le vieux peut retrouver un sentiment continu d'exister et sa trajectoire de vie ; la traversée peut être exaltante ?

Dans le film *Nostalgie de la lumière*[7], des femmes grattent avec une frénésie traumatique la terre du désert où avaient été enfouis les corps de leurs époux ou de leurs pères pendant la dictature de Pinochet. Ces humains morts étaient pensés, non pas immortels mais comme étant demeurés dans la planète dans un autre état, dès lors apparait la possibilité de convoquer leurs souvenirs.

Habitent en nous deux nostalgies contrariées, celle où immobiles nous nous désespérons, celle où actifs, nous recréons du souvenir. N'accordons pas la préséance à l'une ou l'autre, dépassons leur opposition, retenons l'association du négatif et du positif. Demain serai-je nostalgique d'aujourd'hui ? Bien vieillir est consentir au vide passivant

6. Tchekhov, A. (1897). *Oncle Vania*. Arles, France : Actes Sud, 1994.
7. Film documentaire franco-chilien de Patricio Guzmán, 2010.

et s'engager avec bonheur dans une composition et une recomposition modeste et foisonnante de surprises.

Terminons avec l'optimisme de M. Kundera, l'avion de Josef s'envola « vers un ciel noir puis s'enfonça dans les nuages, après quelques minutes le ciel s'ouvrit paisible et amical parsemé d'étoiles »[8].

8. Kundera, M. (2000). *L'ignorance. Op. cit.*, p. 224.

Partie 2

Savoir, apprendre...

“

Chefs couronnés de blanc
Duvet d'oisillon
Les Vieux sortent couverts

”

Claude Caillart, Laurence Lucas Skalli

« DEPUIS QUAND ES-TU VIEUX ? DEPUIS DEMAIN »[1]

David Le Breton[2]

Pour ne pas confondre la retraite avec la vieillesse, mon propos restera centré sur ce couperet administratif qui modifie en profondeur du jour au lendemain le statut de l'individu et son sentiment d'identité, moment banalisé de l'existence du fait de l'espérance de vie de nos sociétés et de l'âge où il devient effectif. La retraite bien entendu est nécessaire pour assurer le mouvement des générations, le renouvellement des savoirs, l'organisation des entreprises, et donner aussi à l'individu le sentiment qu'un temps libre illimité l'attend au terme de son engagement professionnel. Historiquement en France, au début du XXe siècle, relayant la charité privée, une loi de 1905 impose l'assistance aux vieillards infirmes. Après plusieurs tentatives politiques en 1945, le régime général de la retraite est instauré, fonctionnant par répartition, la cotisation des actifs servant à financer les pensions des retraités. Issue logique de l'investissement social des individus au cours de leur vie, elle prend la place des anciennes formes de protection contre l'invalidité ou la misère. Elle est en ce sens une sorte de contre-don à ce qu'ils ont donné à la « société » du temps de leur emploi.

Elle n'est plus aujourd'hui associée à la vieillesse. L'état civil s'est substitué aux incapacités physiques (Caradec, 2001)[3]. Les régimes de retraite transforment les personnes âgées en retraitées. Tous les cinq

1. Canetti, E. (2014). *Le livre contre la mort*. Paris, France : Albin Michel, 2018.
2. David Le Breton, professeur émérite de sociologie à l'Université de Strasbourg, membre senior de l'Institut Universitaire de France et de l'Institut des Études Avancées de l'université de Strasbourg (USIAS).
3. Caradec, V. (2001). *Sociologie de la vieillesse et du vieillissement*. Paris, France : Nathan, 2008.

ans l'espérance de vie à la naissance augmente d'une année. De 16 ans pour les hommes et de 21 ans pour les femmes de soixante ans, en 1970, elle est aujourd'hui autour de 23 ans pour les hommes et de 28 ans pour les femmes. Du fait de l'augmentation de la longévité, la durée de la retraite n'a cessé d'augmenter. Elle est devenue finalement un temps plein de l'existence, après l'enfance, la période de formation, et la longue période d'activité salariée. Elle confronte à l'épreuve de maintenir le sentiment de continuité de soi tout en renouvelant de manière radicale la relation au monde. Le sentiment d'utilité est très affirmé dans une population de retraité.e.s ayant participé à une enquête en 2010 : de 89,1%, s'agissant notamment de la sphère familiale, il passe cependant à 38,5 % si on les interroge sur leur rapport à la société dans son ensemble. 29,4% ne se sentent plus utiles à son égard (Gucher, Laforgue, 2010)[4].

Si elle n'est pas ritualisée, hormis parfois par un pot d'adieu, mais orchestrée administrativement, la retraite marque l'entrée dans un temps de l'existence peu valorisé avant d'y être soi-même plongé, car il signe symboliquement l'entrée dans une terre étrangère, l'amorce d'un devenir vieux. Toute réponse à cet égard est individuelle et varie dans le temps selon les circonstances. La félicité se transforme quelquefois en amertume ou à l'inverse la résignation douloureuse cède à des moments heureux qui amènent à se réjouir de disposer de temps à sa guise.

Retrait ou retraite

Retraite est un terme ambivalent, d'autant plus s'il est appliqué à un.e salarié.e qui arrive en fin de carrière et se retire de son travail. Le retrait sonne douloureusement, il est à l'image d'une soustraction, voire d'un

4. Gucher, C. et Laforgue, D. (2009). L'accès aux sphères sociales et politiques des retraités : quelles formes de participation et de représentation ? *Retraite et société*, *59*, 117-136. Gucher, C. et Laforgue, D. (2010). Acceso a las esferas social y politica de los jubilados : formas de participaciòn y representaciòn. *Les carnets de Retraite & société, 03,* 48-74.

arrachement, mais retraite, au sens spirituel ou religieux, est un terme propice renvoyant à un retour sur soi, un temps de méditation. L'ambiguïté du terme est un écho finalement de la condition sociale qu'il désigne. L'individu perd son statut social, une part de son sentiment d'utilité, un espace de sociabilité s'efface, mais il en retrouve d'autres. La retraite est en principe vécue non sans ambivalence comme un temps de reconquête de soi. Mais elle dépend de l'histoire de vie de l'individu, de la signification qu'il accordait à son travail, à son statut social, aux ressources de sens dont il dispose pour se réinventer. Elle est un recommencement ou un deuil. Ceux pour qui le travail était un fait d'aliénation, une contrainte l'accueillent comme une délivrance, à la différence de ceux pour qui il était un motif d'épanouissement ou du moins un capital nécessaire à leur existence. L'ampleur du deuil ou de la jubilation dépend du degré d'investissement de l'individu dans ses activités professionnelles.

À son époque, bien différente de la nôtre, Freud écrivait : « Nous ne savons qu'une chose, c'est que la qualité de mobilité des investissements psychiques recule de façon frappante avec l'âge »[5]. Sans doute tendanciellement juste, cette remarque ne fonctionne guère pour d'innombrables acteurs, surtout dans les premiers temps de la retraite où souvent les projets foisonnent, même si elle devient plus juste au fur et à mesure de l'avancée en âge. L'économie psychique est moins une question d'âge que de goût de vivre. Le même âge chronologique n'est pas prédictif de la qualité intrinsèque du rapport au monde. Tous les retraités ne sont pas égaux devant le vieillissement beaucoup, parmi les milieux sociaux les plus pauvres, meurent dans les années qui suivent l'arrêt de leur activité ou tombent malade. Leur niveau de vie est souvent diminué même s'ils disposent parfois d'économies. La retraite arrive souvent à un moment de l'existence où la santé se dégrade, particulièrement chez les hommes ayant accomplis des tâches quotidiennement pénibles.

---

5. Freud, S. (1914 [1918]). À partir de l'histoire d'une névrose infantile. Dans *OCF. P, T. XIII*. Paris : PUF, 1988, pp. 5-118 (p. 112-113).

La retraite comme réinvention de soi

L. Adler[6] rappelle qu'en espagnol, on ne dit pas les retraités, mais les *jubilados*, les jubilants. La transformation démographique de nos sociétés voit l'entrée en force d'une génération de baby-boomers vieillissante mais souvent en bonne santé ayant menée une existence privilégiée au regard de leurs ainés (Sirinelli, 2016)[7]. Socialement et politiquement souvent active, elle a bénéficié des Trente Glorieuses avec des possibilités accrues d'ascension sociale, de bonnes protections dans son exercice professionnel, ils ont connu le temps de la libération sexuelle. Sociologiquement ce sont surtout des hommes ou des femmes de classe moyenne ou privilégiée, ils sont désormais des papy-boomers choyés par le marketing, à la différence du grand âge qui n'intéresse guère les publicistes. La retraite est souvent pour eux, une autre naissance, la jouissance d'une vie sans guère de contrainte, à la mesure de leurs moyens économiques, un renouvellement de leurs conditions d'existence. Libres de leurs loisirs et de leur temps, ils demeurent en prise sur leur existence, voyagent, réalisent une part de leurs rêves, s'investissent dans le bénévolat… Pour certains le fait d'être grands-parents est une activité pleine qui leur donne un emploi du temps gratifiant, une projection dans l'avenir, la conviction d'une utilité, une sociabilité active et surtout désormais un capital de leur sentiment d'identité. Ces hommes et ces femmes perçoivent leur retraite comme un temps mérité de repos, de disponibilité, de jouissance de soi, un temps à soi, pour soi, détaché des anciennes obligations. Le pôle magnétique de leur existence déserte leur lieu de travail pour se recentrer sur l'espace familial, les loisirs, les engagements associatifs… Ils maintiennent ainsi tous les éléments d'une persistance du sentiment de soi en investissant d'autres activités. Pour d'autres, retraite rime avec repos et ne sollicite guère l'engagement

6. Adler, L. (2020). *La voyageuse de nuit*. Paris, France : Grasset.
7. Sirinelli, J.-F. (201). *Génération sans pareille. Les baby-boomers de 1945 à nos jours*. Paris, France : Tallandier.

dans des activités inédites. Ils souhaitent rester chez eux sans réinvestir ailleurs, se contentant de leur jardin, de leurs petits-enfants, de la télévision, des clubs de troisième-âge, des universités pour tous... ou de poursuivre leurs anciennes activités avec davantage de temps (chasse, pêche, etc.).

Ils se passionnent pour la marche, nombre d'entre eux partent sur les chemins de Compostelle ou d'autres randonnées de longue haleine (Le Breton, 2021)[8]. Leur volonté de continuer à profiter de la vie rencontre simultanément une formidable marchandisation du corps, des loisirs, des voyages c'est-à-dire la possibilité de puiser dans une technologie à leur disposition sans état d'âme afin de ralentir les transformations de leur corps et prendre de l'âge sans avoir le sentiment de vieillir tout en maintenant une estime de soi intacte. Financièrement autonomes, ils bénéficient du confort, d'une aisance économique relative. Le vieillissement de la population, et les progrès en matière de santé, d'hygiène de vie, d'alimentation etc., le sentiment de demeurer toujours « jeune », amènent de plus en plus de « seniors » à se soucier de leur apparence et, par exemple, à développer des soins de peau pour maintenir un aspect de jeunesse à leur teint. Les sexygénaires femmes ou hommes abondent.

De manière heureuse, détendue, les baby-boomers ne tolèrent pas de vieillir. L'âge n'est pas pour eux un motif de rupture de l'investissement de soi. Le souci de beauté n'a plus de limites d'âge, il est légitime tout au long de l'existence. Vieillir est pour eux un terme inapproprié pour désigner les déclinaisons de la jeunesse au fil du temps. Rester jeune et désirable le plus longtemps possible traduit la volonté de mettre en conformité le sentiment de soi avec l'apparence donnée à voir aux autres. Ce n'est d'ailleurs pas tant la jeunesse qui est poursuivie que la volonté de ne pas être assimilée à un âge qui fait peur, en même temps qu'à la volonté de ne pas renoncer au désir et à l'autonomie. Elle incarne un moment de souveraineté sur soi.

8. Le Breton, D. (2021). *Marcher la vie. Un art tranquille du bonheur*. Paris, France : Métailié.

Un rappel du temps qui passe

Le moment de la retraite sonne pour beaucoup comme un rappel de précarité. La libération des contraintes du travail rappelle dans la nostalgie les premiers moments de l'arrivée dans l'entreprise ou l'établissement avec le sentiment heureux que l'éternité était devant soi. Une porte se ferme et renvoie brutalement au temps passé, à la jeunesse ou à la maturité. Désormais le sentiment de finitude, de fragilité se fait plus aigu, accentué par les premiers soucis de santé et la succession dans leur environnement proche de décès d'hommes ou de femmes du même âge ou plus jeunes, de personnages connus ayant accompagné leur existence par leurs chansons, leurs films, leurs livres, ou la vie politique nationale ou locale. Le sentiment de l'âge fait alors son apparition avec plus ou moins de force selon les ressources de sens de l'individu.

L'avancée en âge se marque souvent par l'abandon de certaines activités et par un repli progressif sur l'espace domestique du fait de soucis de santé, d'un amenuisement des capacités physiques, et d'un moindre investissement sur l'extérieur. Le lien avec les autres s'atténue notamment avec la perte de vieux compagnons de route, le sentiment de moins comprendre les transformations sociales, particulièrement technologiques, d'être isolée dans des quartiers où l'on ne connait plus personne du fait de la disparition de nombre de voisins, à cause de leur âge ou des déménagements. De même, ceux de la même génération, avec qui un partage d'expérience et de mémoire coulait de source, se font de plus en plus rares et contribuent au sentiment intime d'avoir été *« oublié »*, d'être en reste, de n'avoir plus sa place dans les turbulences du monde contemporain. Cette diminution des possibilités d'engagement est de moins en moins compensée par d'autres opportunités. Nombre de chercheurs pointent ainsi le désengagement de nombre d'hommes ou de femmes de leurs occupations antérieures, ces renoncements d'abord mineurs s'accentuent au fil du temps (Caradec, 2004 ; Clément, Mantovani, 1999)[9]. Ces déprises, qui sont souvent aussi des reprises, témoignent d'un processus actif de remise en jeu de l'existence. Avec des gradients différents certains en arrivent au lâcher-prise, à la disparition de soi dans une sorte de grève de leur existence ou dans Alzheimer (Le Breton, 2015)[10]. Le moment difficile est celui où l'individu ne « profite » plus de sa retraite, mais éprouve la fatigue grandissante d'exister. Une rupture identitaire se produit alors où l'individu devient davantage objet de soins, entre dans un sentiment aigu de solitude surtout avec le veuvage.

La retraite comme résignation

La retraite est une forme de déréliction quand elle sape soudain toutes les raisons de vivre, désoriente l'avenir, plonge dans l'ennui sans espoir de trouver une issue. Beaucoup disent ne plus servir à rien, dépourvus désormais de leur légitimité à vivre. La désocialisation du travail entraine pour certains, de manière durable ou provisoire, une désocialisation, une amertume, le sentiment de ne plus se reconnaitre, de devenir étranger à soi sans les scansions régulières que donnait l'activité salariée. Pour certains, la retraite rompt en effet le sentiment de la continuité de soi. En perdant leur travail, ces hommes et ces femmes sont dépossédés de leur emploi du temps, du maintien de leur utilité sociale, de leur valeur. Les jours autrefois scandés par l'alternance du travail et du chez soi leur apparaissent désormais un abime à franchir, sans perspectives, avec le sentiment que tout est vain puisqu'ils ne retrouveront jamais leur existence antérieure. Il n'y a plus de bus à prendre, de métro, la voiture reste souvent au garage, il n'y a plus nulle part où aller. Le temps libre

9. Caradec, V. (2004). *Vieillir après la retraite. Approche sociologique du vieillissement*. Paris, France : PUF. Clément, S. et Mandovani, J. (1999). Les déprises en fin de parcours de vie. *Gérontologie et société*, *n° 90*, 95-108.
10. Le Breton, D. (2015). *Disparaitre de soi. Une tentation contemporaine*. Paris, France : Métailié.

autrefois attendu avec impatience dans la certitude de retrouver son poste de travail à son issue est maintenant envahissant, indésirable, voué au désœuvrement. Exclus des anciennes rencontres avec les collègues, une part de leur vie sociale est engloutie, parfois leur existence tout entière. Ils n'ont plus envie de sortir et ruminent leur infortune, ils n'entreprennent plus rien et passent de longues journées devant la télévision ou assis sur leur balcon à regarder le monde passer. La différence entre le présent et le passé leur est intolérable et alimente la conviction d'une vie désormais sans horizon. Le temps libre n'est pas investi pour s'engager dans d'autres tâches. Certes, à la différence du chômage, qui est une autre cessation d'activité, la personne ne se sent ni coupable ni honteuse de sa situation, elle éprouve plutôt un sentiment de solitude, de perte de toute valeur sociale et intime. La retraite n'est en rien une sanction mais une mesure administrative banalisée, elle interrompt une existence qui trouvait souvent son fondement dans l'investissement dans le travail ou simplement dans le fait d'avoir une activité salariée, même si elle ne passionnait pas outre mesure.

Souvent la retraite des hommes n'a pas le visage de celle des femmes. Pour les premiers leur journée est privée de repères hormis le lever, le déjeuner, le diner, le coucher. Mais les femmes n'ont jamais cessé de se soucier des tâches domestiques, de la préparation des repas, elles se sont toujours préoccupées de leur famille, de leur intérieur. Elles cuisinent, rangent, lavent, continuent à satisfaire à toutes ces activités ménagères qui jalonnent leur journée, à veiller sur leurs enfants ou leurs petits-enfants. Les générations d'hommes aujourd'hui retraitées sont moins sur ce registre. Cependant certaines femmes vivent douloureusement la perte de leur activité salariale qui était pour elle le motif d'une échappée belle hors du couple et des tâches ménagères, elles les retrouvaient certes en rentrant, mais elles avaient le sentiment d'exister hors de ce cadre, de nouer des relations différentes avec leurs compagnes ou compagnons de travail. Ce n'est pas la « chambre à soi » de V. Wolf[11], mais un monde à soi qui échappait au cadre familial et où elles s'épanouissaient dans ces moments de libération des contraintes domestiques. Elles devenaient des personnes à part entière, et non plus seulement des mères ou des épouses.

Le couple

Vivre ensemble toute la journée sans les échappées belles du travail est un analyseur redoutable de la qualité de relation d'un couple. Des compromis s'imposent, des renoncements, mais des projets nouveaux naissent qui suscitent des retrouvailles du couple. La retraite est le temps d'un resserrement de la vie conjugale, et donc un remaniement des activités respectives et mutuelles de l'homme et de la femme. Le conjoint est un médiateur essentiel du changement de condition. Les jeunes retraités qui vivent leur situation comme une seconde chance valorisent les relations de couple sous différentes formes. Ils disposent de temps et des moyens pour assouvir des désirs que la scansion des journées de travail n'autorisait pas.

Souvent aussi la transformation profonde des conditions d'existence à ce moment amène à la prise de conscience du désinvestissement de la relation conjugale et des divergences des centres d'intérêts mutuels, de la lassitude de se trouver sans cesse encombré l'un de l'autre. Des conflits sans fin apparaissent que n'interrompt plus le départ pour la journée de travail. *Le chat*[12] de P. Granier-Deferre, l'illustre tragiquement. Les disputes se font courantes, l'homme et la femme n'ayant pas les mêmes préoccupations, les mêmes visions de la manière de mener la maison. Les divorces, même s'ils sont nettement moins nombreux que pour les jeunes générations, augmentent significativement à ce moment

11. Wolf, V. (1929). *Une chambre à soi*. Paris, France : 10/18, 2001.
12. *Le chat*, film franco-italien de Pierre Granier-Deferre, 1971.

(Caradec, 2004)[13]. Nombre de femmes souhaitent retrouver leur autonomie, refusent les anciennes postures de sacrifice aux tâches domestiques, elles ne supportent plus la présence constante de leur mari qui investit peu au dehors.

Le veuvage souvent brise les désirs de se renouveler, de se construire une vie différente, il casse le processus identitaire et amène souvent le repli sur soi dans une attente de disparaitre à son tour. Moins sans doute dans les années qui suivent la retraite que plus tard, mais la perte du plus proche altère cependant les projets que nourrissait parfois le couple et plonge le survivant dans une longue peine.

Devenir retraité

Le travail incarne une matrice d'identité. Il est une activité surinvestie car il octroie un salaire, une occupation, une reconnaissance sociale, un emploi du temps. Centre de gravité de l'existence, de l'organisation des jours et des mois au fil du quotidien, le lieu de l'exercice professionnel est aussi un espace affectif de sociabilité, d'amitié d'échanges mutuels, de projets, de confidences... Ainsi, en même temps que leur travail, les retraités perdent une bonne part de leurs rencontres, de leurs complicités… Une affiliation se défait au cœur du sentiment d'identité, de l'estime de soi. Ils sont dans la nécessité intérieure de se reprendre en mains, de se réinventer sans que le lien social leur octroie de modèle. Dans une société d'individus il n'existe pas plus de rite de passage dans ce qu'on appelait autrefois l'entrée dans la vie, c'est-à-dire la fin de l'adolescence, que dans le retrait de l'activité salarié (la fin de la vie ?). Chaque retraité invente son propre chemin selon les ressources de sens qui sont les siennes. Nos sociétés institutionnalisent les passages, mais elles ne les ritualisent pas, elles laissent l'initiative aux acteurs.

13. Caradec, V. (2004). *Vieillir après la retraite. Approche sociologique du vieillissement. Op. cit.*

Si elle impose un remaniement de l'organisation de la vie quotidienne, une soustraction des anciennes activités professionnelles, la retraite mobilise des populations hétérogènes dont les conditions sociales et économiques diffèrent par leur âge, leur genre, leur degré d'investissement dans leur activité, leur possibilité ou non de continuer à exercer sous une autre forme ou de trouver un autre emploi, la présence à leur côté d'autrui significatif qui continue à donner sens à leur vie... Le désir est la seule mesure du goût de vivre, le sentiment d'être toujours immergé dans un monde perçu comme valable et apportant chaque jour ses satisfactions particulières. Quand l'individu se détache du monde qui l'entoure, échouant à déplacer son investissement dans le travail par d'autres activités valorisées à ses yeux, alors les premières années de la retraite sonnent le glas de la valeur associée à l'existence, la vieillesse est un accablement.

Le corps vieux est celui qui n'accueille plus les possibilités de transformation, de renaissance, il est dans la seule conviction de la perte, de l'amputation d'une part essentielle de soi. Tant que le sujet demeure de plein pied dans ses désirs, l'âge de l'état civil est sans importance. L'attachement à la vie est sans âge, il n'est pas emprisonné dans le seul travail salarié, il est une question d'opportunité, de circonstance, d'inventivité personnelle. La retraite venue, la qualité des échanges avec les autres, le goût des choses, *« Être soi... toujours »* (Gutton, 2018)[14], mobilisent d'abord une question de sens de la vie pour soi.

14. Gutton, P. avec la collaboration de M.-C. Aubray (2018). *L'art de vieillir. Être soi... toujours*. Paris, France : In Press.).

RENCONTRE

Thierry Benne[1]

Elle était vieille,
Toute de gris vêtue,
Elle trottait menu.

Elle tirait dignement
Un vieux cabas noir,
Plus chargé d'envies
Que de provisions.

Et sur son visage tout ridé,
On lisait la dureté des temps,
Ceux d'hier et d'aujourd'hui.

Mais au repli des paupières,
Il y avait deux grands yeux :
Des yeux clairs et superbes
Pour aller droit au Paradis.

Je l'ai longuement
Regardée s'éloigner :
Elle ne se perdrait pas…

1. Thierry Benne, docteur en droit public (Paris-Assas), diplômé de l'INTEC (Conservatoire National des Arts et Métiers), a exercé conjointement les professions d'expert-comptable, de commissaire aux comptes et d'expert-judiciaire.

L'EFFET « VIEUX »

Évelyne Larguèche[1]

Il s'agit de l'effet, au sens de la pragmatique. *Qu'est-ce qui fait qu'on est vieux, vieille ?* Qui le voit ? Tout le monde. C'est l'apparence, l'allure, les cheveux blancs, la marche lente, les mouvements hésitants, une certaine maladresse, la réaction qui tarde. Qui l'entend ? Le timbre moins aigu, la parole plus hachée, le rythme plus lent, cela est moins repérable que l'apparence physique. Ce peut être aussi une manière de s'exprimer un peu chevrotante ou au contraire cherchant ses mots. Ces observations objectives, qui définissent les vieux, désignés pudiquement par les « personnes âgées », rappellent d'autres critères de distinction des individus : la couleur de peau, un accent, une langue, le genre… La catégorie au lieu de la diversité, le collectif au lieu de l'individuel.

Mais c'est quoi des « personnes âgées » ? Des moins par rapport à des plus. Des défauts par rapport à des qualités. À quelle catégorie s'opposent-elles ? À des personnes qui, elles, ne sont pas… âgées ? Des personnes sans âge ? Qui sont définies par quoi ? Ce n'est pas l'âge qui se voit, c'est l'apparence physique, celle qui est commune à d'autres personnes vieilles.

Qu'est-ce qui fait qu'on se sent vieux, vieille ? Les douleurs physiques diverses, les difficultés de mouvements, des activités rendues impraticables, un équilibre incertain, une vision diminuée, une oreille malentendante. On est pris en défaut de… bien marcher, bien voir, bien entendre. On ne peut plus faire ce que l'on faisait depuis toujours. Et

1. Évelyne Larguèche, est sociologue, docteure en Psychopathologie clinique et psychanalyse, a été ingénieure de recherche au CNRS, attachée au Laboratoire de psychopathologie clinique de Paris VII puis au Laboratoire d'anthropologie sociale du Collège de France. Elle a publié *L'injure* (2021) et *La provocation* (2023) aux éditions In Press.

quand on croit en être encore capable, c'est la chute, la blessure, corporelle ou d'amour propre.

Tous ces moins ne sont pas propres aux vieux, ils définissent aussi le handicap comme déficience, désavantage, inconvénient, une infériorité. Par rapport à quoi ? Le dictionnaire indique comme antonyme, une supériorité ? On n'est plus dans un rapport quantitatif (plus et moins) mais dans un rapport qualitatif. Vieux, vieille = inférieur(e). Ce n'est pas forcément ce que l'on n'a plus qui compte, mais le fait qu'un(e) autre, l'autre – le non-vieux, la non-vieille –, le possède.

Qu'est-ce qui nous le fait sentir ? La relation à l'autre précisément. Les comportements d'évitement, les moqueries méprisantes, les regards fuyants tout autant que condescendants, l'aide bienveillante, l'oreille tendue, ces petits riens qui vous font sentir que vous n'êtes pas comme eux. Mais c'est qui eux ? Les autres, ceux qui ne sont pas comme vous pensez être. Dès lors vous ne vous reconnaissez qu'entre semblables et vous vous excluez plus ou moins de la société des autres. Cela ne vient pas que de vous, vous entendez à longueur de journée, d'ondes de radio ou de télévision, que vous êtes à part, que vous n'êtes plus bons à grand chose, qu'il vous faut des aides, et même penser à trouver une résidence pour vos très vieux jours, votre « grand âge ». Mais à ce refrain s'en associe un autre, qui ne fait qu'accentuer ce sentiment d'exclusion, en toute bonne foi.

Oui, en toute bonne foi, parce qu'il s'agit d'une sorte de slogan militant censé représenter la lutte contre cette exclusion, je veux dire l'*âgisme*. Lorsque j'ai entendu ce terme (je dis bien : entendu) pour la première fois je ne l'ai pas compris, car il faut le voir écrit pour en comprendre le sens dont il se prévaut. Il y faut l'accent circonflexe qui renvoie à l'âge, alors que sans accent il réfère à l'action d'agir. À l'origine et depuis une cinquantaine d'années, il signifie la discrimination ou même l'exclusion liée à l'âge. Tout comme le racisme et le sexisme à partir d'autres critères. Mais depuis quelques années, le terme âgisme est employé pour ainsi dire uniquement pour les personnes âgées. Cela est dû notamment à un organisme comme *Age Platform Europe*, la Plateforme européenne des et pour les personnes âgées, dont le but est de renforcer la coopération entre les organisations de seniors et de personnes âgées au niveau de l'Union européenne. Il n'y a pas ici d'ambiguïté, le critère de l'âge renvoie d'emblée aux personnes âgées. Oui, mais en anglais, le mot « ageism » n'a pas d'accent circonflexe et pas de « e » ! Le diable se cache dans les détails on le sait.

En français, du fait de cette catégorisation sous-jacente, l'âgisme revendique à la fois une appartenance basée sur l'âge vieux, le vieil âge (quel âge définit les personnes âgées ?) et une lutte contre la discrimination dont ces mêmes personnes seraient victimes précisément du fait de leur âge ! À la question posée : « Quand pensez-vous avoir été victime d'âgisme ? », plusieurs fois la réponse est : « Quand on m'a proposé(e) une place assise dans le bus ! » De fait l'âgisme peut renvoyer à toute autre tranche d'âge, qu'il catégorise, exclut, ou au contraire promeut, à partir de ce seul critère « administratif ». Ainsi cette réflexion de Delphine Horvilleur : « Pourquoi serait-on obligé d'avoir l'âge qu'on nous dit qu'on a ? Y a bien des gens qui ont réussi à prouver qu'ils n'ont pas le sexe qu'on dit qu'ils ont, alors pourquoi ce ne serait pas pareil pour l'année de naissance ? Il suffit d'avoir une autre conscience de soi »[2]. Le cas le plus proche et le plus antinomique, est tout simplement l'âgisme envers les « jeunes » (quel âge, les définit, là encore ?) mais qui ici est clairement désigné par le jeunisme. Le terme renvoie d'emblée à la jeunesse, avec ses propres caractéristiques basées elles aussi sur l'apparence physique, le comportement, la langue, etc. La discrimination en effet ne leur est pas épargnée, loin de là, mais – différence essentielle, et sans doute liée à la peur du mot pour les vieux – celle-ci est temporaire, tandis que l'autre est définitive, l'une interdit, empêche, l'autre élimine. Sans doute est-ce cette même peur des mots – celle du tabou, celle où le mot est la chose

2. À propos d'un procès d'un plaignant contestant sa mise à la retraite du fait de son âge, Horvilleur, D. (2022). *Il n'y a pas de Ajar. Monologue contre l'identité*. Paris, France : Grasset, p. 72.

même – qui nourrit une certaine résistance vis-à-vis de la désignation de « vieillisme » au lieu d'âgisme, alors qu'elle serait plus adéquate, plus réaliste, plus conforme. Certes, l'avantage est au terme anglo-saxon qui bénéficie d'une audience internationale, ce que nous n'avons pas, ou plus. Le revendiquer, démontrer que le « isme » de l'exclusion est tout autant celui des idéologies, des prises de position devenues des modèles que l'on choisit de suivre. Pourquoi pas ? Quand dire c'est faire ! La confusion met en évidence un paradoxe encore plus criant : si l'âgisme (dérivé de âge) discrimine les vieux et les exclut, l'agisme (dérivé de agir) est une devise revendiquant de plus en plus l'insertion des vieux au sein d'une société inclusive : l'agisme contre l'âgisme !!! Doit-on toujours écrire le mot pour savoir celui auquel nous nous référons ?

Une autre notion cependant, bien française celle-là, brouille un peu plus les cartes. Il s'agit de ce terme que l'on entend partout, brandi comme une marque publicitaire, mais dont le sens premier est en quelque sorte dévoyé pour promouvoir un emploi particulier, notamment lorsqu'il est utilisé comme substantif : c'est l'*intergénérationnel.*

L'adjectif signifie tout simplement qu'il y a une relation entre les générations. Celle-ci définit en général un lien dont le paradigme est celui de la transmission des ascendants aux descendants. Ce lien est de nature diachronique, verticale, et d'une certaine façon unilatérale. Il relie les branches à un tronc (ce qui est précisément la représentation symbolique des généalogies). Les générations se succèdent et elles ont donc entre elles une relation intergénérationnelle, c'est-à-dire transmise du fait de la filiation au sens strict comme au sens large. À partir de cette idée de passer au travers de, au fil de, la notion de transgénérationnel s'impose selon certains.

En revanche, le substantif, créé à partir de cet adjectif, a ou veut avoir, une tout autre signification, sans doute calquée sur d'autres formules proches : international, interdisciplinaire, interrégional, et tout simplement interaction, qui indiquent une relation de réciprocité entre....

son emploi que l'on voit fleurir partout, de mon point de vue en modifie la nature. L'intergénérationnel s'entend alors comme l'établissement d'une interaction, d'un échange, entre les générations, du fait de, ou grâce à, une simultanéité temporelle et/ou spatiale. Autrement dit ce changement, ce dévoiement du sens, fait que le lien par nature diachronique de la transmission devient un lien synchronique, horizontal, mettant sur le même plan ce qui, par définition, ne peut l'être. Véritable oxymore auquel pourtant il nous faut croire.

L'origine de cet emploi serait une visée économique, celle d'un management basé sur la rentabilité et l'efficacité, visant à combiner le savoir ou l'expérience des plus vieux au savoir adapté à la modernité des plus jeunes. Plus juste serait, à mon avis, la notion de co-générationnel, tel que l'annonce par exemple l'organisme CoGenerate : « Nous envisageons un monde où les personnes âgées et les jeunes unissent leurs forces pour résoudre les problèmes, combler les fossés et co-créer l'avenir. » Il y a échange, il n'y a pas transmission. Bien sûr, d'autres désignations sont aussi envisageables comme multi- ou pluri- générationnel, pour rendre compte de cette mixité souhaitée et souhaitable.

Transposé dans la société en général, cet emploi d'intergénérationnel vise à casser ce qu'on appelle la fracture générationnelle. Pour ce faire, on crée de toutes pièces des espaces organisés (aménagés même) où vieux et jeunes peuvent (doivent) se retrouver ensemble ou davantage, vivre ensemble. Pourtant mon immeuble qui est, de fait, pluri- multi-générationnel, puisque y vivent des enfants, des parents, des personnes âgées, n'a pas le label intergénérationnel !

Mais il y a pire, c'est le faux-semblant, même si pourtant chacun des deux bords sans doute y croit, là encore, en toute bonne foi : la verticalité n'est pas abandonnée pour autant, car l'échange pour être simultané n'est pas vraiment égalitaire. Qu'on le veuille ou non, les vieux demeurent des vieux, les jeunes demeurent des jeunes. Les vieux envient les jeunes, qui les provoquent par leur corps et la sexualité qui y est associée. Mêlés à eux ils se croient jeunes, ils ne se voient plus tels qu'ils sont. Les jeunes à l'inverse n'envient (le terme est ici totalement inadéquat) pas les vieux, qui les menacent en leur montrant ce qui les attend. Mêlés à eux, ils ne se croient pas vieux, ils se voient au contraire tels qu'ils sont, tellement dissemblables et pas près de vouloir leur ressembler.

Les uns et les autres dénient l'irréversibilité alors que l'intergénérationnel au sens de la transmission la sous-entend : un jeune ne transmet pas à un vieux puisque cela n'ira pas plus loin, cela ne pourra plus être transmis, c'est le contraire du but de la transmission. On dira : mais les jeunes apprennent aux vieux à se servir d'Internet, à être au courant des nouveautés et même à les acquérir. Les vieux font part de leur expérience et… de leur savoir… et même de leur sagesse ! Bonne conseillère peut-être dans le temps présent, mais qu'en feront-ils si, et quand, le monde lui-même n'en tient plus compte. Ils trouveront parce qu'ils s'adapteront, inventeront, et deviendront sages à leur tour… d'une autre sagesse.

Plus généralement, on parle ensemble, on discute même, et de tout. Oui, peut-être et même sûrement, mais on ne vit pas ensemble ou surtout, on ne vit pas dans le même monde. Les générations mises en présence, en co-habitation sont en général en décalage de 40 à 50 ans, ce sont les petits-enfants et non les enfants. L'étudiant ou l'étudiante qui trouve une chambre dans le grand appartement d'un vieux, plus souvent d'une vieille, partage éventuellement les (un) repas, lui explique comment utiliser sa tablette, lui raconte un peu ce qu'il ou elle vit dehors, tandis que lui ou elle évoque les inconforts, les souffrances peut-être, les découvertes qu'il ou elle a vécus… devant les yeux écarquillés et l'oreille attentive de l'anthropologue d'occasion. Vouloir que l'intergénérationnel soit un lieu d'échange, enferme ceux qui y participent dans leur génération respective. Au lieu que ce soient des personnes, que le hasard fait ou non se rencontrer, fait ou non échanger, se lier parfois, c'est leur appartenance générationnelle qui leur enjoint de vivre ensemble, sorte de quota ou même de discrimination positive, jusqu'aux limites qu'instaure un « seuil de tolérance ». Quand dire c'est faire ! Plus juste, de ce point de vue, serait la désignation d'intergénérationnisme, plus conforme à l'idée d'un modèle, un idéal de la relation que l'on voudrait qu'elle soit alors qu'elle ne l'est pas et ne peut pas l'être !

Ma question de départ était : « Qu'est-ce qui nous fait sentir qu'on est vieux ? » Or les deux notions que je viens d'analyser ne font pas que « dire », elles « font », elles sont des actes en elles-mêmes. L'âgisme sous-entend une tendance discriminatoire vis-à-vis de l'âge conduisant à l'exclusion des personnes âgées. Pour « réparer l'irréparable outrage », elle revendique le droit d'être vieux mais ne le nomme pas, ce que ferait le « vieillisme ». L'intergénérationnel impose un dévoiement de sens du mot pour y sous-entendre un échange synchronique et horizontal dans le but d'inclure ceux que l'évolution de la société tend à exclure. L'une veut-elle réparer le préjudice de l'autre ? Ou bien faut-il y voir la juxtaposition que permet l'inconscient (et le rêve !) et qui, à l'alternative, substitue la simultanéité, le « et » à la place du « ou » : être vieux et jeune ?

Ces deux notions reposent sur des critères qui eux-mêmes sont mal définis : l'âge – vieux à 60, 70, 80, 90 ans ? – jeunes à 20, 30, 40, 50 ans ? La génération : 20 ans de décalage, 30, 40, 50 ans, mais aussi bien 15, 10, voire 5 ans ? Entre qui et qui ? Plus c'est mal défini, plus on y met ce qu'on veut et c'est ce qui se passe.

Que l'on ne s'y trompe pas : si l'analyse de la portée performative de ces termes a quelqu'utilité, ce n'est certainement pas pour dénigrer les actions qui en relèvent, mais bien plutôt pour être conscients des difficultés qu'elles affrontent, et qui ne sont pas des moulins à vent.

PENSIONS DE RETRAITE : EN QUÊTE DE JUSTICE SOCIALE ET INTERGÉNÉRATIONNELLE

Blandine Destremau[1]

Dans l'histoire des deux derniers siècles, l'indépendance économique des personnes vieilles a été l'objet d'une question sociale et politique centrale. Tout d'abord, la question de la dépendance à l'égard d'autrui, le plus souvent de la famille et, en son absence ou sa défection, des institutions publiques ou religieuses, est entrée en contradiction avec les idéaux de la citoyenneté, portés par les valeurs de liberté et d'autonomie. En second lieu, la dignité de disposer de ses propres ressources en évitant l'humiliation d'entrer en dépendance a soulevé des questions essentiellement morales. Finalement, la question de la justice sociale et de la reconnaissance d'une carrière de travailleur, ou de mère de famille s'est posée en termes politiques et sociaux.

Précieuses pensions : échapper à la dépendance, gagner en autonomie

La question de la pauvreté des vieux émerge dans l'histoire française en relation avec leurs dépendances économique et matérielle. Pour J.-P. Bois aux XVIIe et XVIIIe siècles, « le vieillard n'est pas un homme perçu comme âgé, mais comme pauvre, dans le sens où il est dépendant de la communauté qui doit l'entretenir, au même titre que les malades, en particulier les incurables, au même titre que les infirmes, estropiés ou imbéciles, au même titre que les enfants abandonnés ou quelques filles-mères réprouvées. La pauvreté est sans âge. Elle est le critère de la dépendance, c'est-à-dire de la capacité ou de l'incapacité à

1. Blandine Destremau, sociologue, directrice de recherches, CNRS Iris, EHESS.

pourvoir à sa propre subsistance »[2]. L'historien de la vieillesse continue : « La clé est toujours que l'on ne conçoit pas l'existence en dehors du travail, et à défaut, il n'existe pas d'autre solution que l'assistance, quelle que soit la forme qu'elle prend. À l'exception, toujours, de ceux qui ont assez de biens pour s'en passer et achever leur vie sur leurs propres revenus »[3].

Aux XIXe et XXe siècles, émerge en Europe l'idée que « la vieillesse justifie, en soi, des ressources propres, garantie éminente de la dignité de l'âge »[4], et reconnaissance d'un droit acquis par l'activité passée, qui absout de l'obligation de travail rémunérateur au vieil âge. Le développement progressif des systèmes de pensions de retraite, à partir de l'instauration d'une pension militaire en France en 1764, exprime cet « immense mouvement »[5]. Au cours du XIXe siècle, le gain d'autonomie des vieux travailleurs est cependant tout relatif, et exclut largement les vieux ouvriers, auxquels ni leur éventuelle pension, ni une épargne impossible à constituer sur leurs faibles salaires, ni bien souvent sur leur famille, ne pouvaient garantir suffisamment de ressources pour échapper à l'indignité de la misère et de la solitude, ou dans le meilleur des cas aux secours d'œuvres d'assistance privée. « La loi du 14 juillet 1905 se penche exclusivement sur le sort des vieillards indigents, crée les asiles qui auront pendant plus d'un demi-siècle si mauvaise réputation, espaces de retrait et d'enfermement, de survie ou de fin de vie plutôt que de vieillesse, mais en même temps doublés par un nouveau système généralisé de retraite dont la mise en forme législative s'étend sur les années qui séparent la loi de 1905 de la Première Guerre mondiale »[6]. Il faudra attendre la seconde moitié du XXe siècle pour que, en Europe, l'amélio-

2. Bois, J.-P. (2006). Âge, pauvreté ou richesse. Observation historique sur la question des vieux et de l'argent. *Gérontologie et société*, *n° 117*, 15-30, p. 18.
3. *Ibid.*, p. 22.
4. *Ibid.*, p. 23.
5. *Ibid.*
6. *Ibid.*, p. 26.

ration régulière des systèmes de pensions par répartition engendre une véritable « rupture dans la condition du vieillard »[7] et leur permette de participer à la consommation et à l'accumulation matérielle, même si elles ne leur garantissent pas systématiquement l'indépendance économique.

Pour les femmes, les choses changent encore plus lentement et plus tard. En tant qu'épouses âgées, elles demeurent aussi dépendantes des revenus de leur époux et enfants qu'au cours du reste de leur existence ou, à défaut, des établissements d'assistance. En tant que veuves, celles de militaires morts au combat ne parviennent à une reconnaissance qu'au début du XXe siècle, et les veuves civiles plus tardivement (Chaineaud, 2012)[8]. En tant que travailleuses, leurs droits à pension n'ont progressé qu'à partir des années 1960, mais elles demeurent largement désavantagées par les effets cumulés de carrières interrompues, de salaires inférieurs et d'activités considérées comme une aide au conjoint (notamment agriculteur) n'ouvrant pas de droits personnels. En Europe, les pensions de retraite des femmes sont en moyenne de 40% inférieures à celles des hommes, et l'écart ne tend pas à se réduire (Brocas, 2004)[9]. Les revenus des vieilles femmes accusent donc un triple désavantage : leur carrière empêchée par les tâches domestiques, la survie à leur époux dans une majorité de cas, et leurs faibles pensions de retraite.

En dehors des pays occidentaux et de l'Organisation de coopération et développement économiques (OCDE), la responsabilité du bien-être des plus vieux demeure généralement beaucoup moins institutionnalisée, et beaucoup plus familiale dans les pays du Sud global. Lorsque domine l'emploi informel, non intégré dans des dispositifs de pensions, seul un faible pourcentage de personnes vieilles bénéficie de pensions assuran-

7. *Ibid.*, p. 27.
8. Chaineaud, C. (2012). *La protection sociale contemporaine de la veuve (1970-1945)*. Bordeaux, France : Presses Universitaires de Bordeaux.
9. Brocas, A.-M. (2004). Les femmes et les retraites en France : un aperçu historique. *Retraite et société, 43*, 11-33.

tielles. Certes, la génération âgée tend à cohabiter avec ses proches plus souvent que dans les pays du Nord. Loin des visions romantiques, cependant, les situations de vieux indigents, dépendants de l'aide familiale, souvent obligés de travailler jusqu'à tomber, et vivant isolés lorsque leurs enfants ont migré, sont devenues une question publique et politique. Un grand mouvement s'est fait jour dans de nombreux pays du sud global depuis les années 2000. Des mécanismes de pension assurantielle par contribution ont été instaurés ou étendus, et des systèmes de pensions étatiques étendus aux couches les plus indigentes, dont les femmes sont les premières bénéficiaires. Ainsi, même de façon modeste, les vieux et vieilles peuvent échapper partiellement à la dépendance à l'égard de leur famille, et maintenir une relative autonomie matérielle, voire contribuer significativement à l'entretien de ménages multigénérationnels.

Droit acquis par la cotisation, reconnaissance d'une contribution passée à la société, dignité, transformation de la place de la vieille génération dans les familles, capacité d'autonomie et de consommation, le versement de pensions, dès lors qu'il a tendu vers l'universalité, a rempli de multiples promesses. Toutefois, il ne suffit pas que ce droit existe ; encore faut-il que les pensions perçues permettent effectivement d'atteindre les objectifs d'autonomie, de dignité et de justice sociale. C'est la condition pour que la mise en retrait d'une carrière de travailleur ne s'accompagne pas d'un retrait honteux de la société. L'évocation de la situation cubaine me permettra de montrer combien la déperdition de pouvoir d'achat des pensions de retraite menace les acquis d'autonomie citoyenne, de dignité et de justice sociale que la révolution avait garanti aux personnes âgées.

Être vieux à Cuba : tous pensionnés, tous pauvres ou dépendants ?

Dès son avènement, la révolution cubaine a généralisé le versement de pensions de retraite à tous les travailleurs et travailleuses, à l'âge de

60 ans pour les hommes et 55 ans pour les femmes, repoussé de 5 ans à la fin des années 2000. Les épouses devenues veuves reçoivent une pension de réversion. Bénéficiant en outre de services de santé et d'éducation universels, les Cubains et Cubaines accédaient par là à une dignité que leur avaient nié les périodes historiques précédentes, quand de très nombreux emplois ne donnaient lieu à aucune protection sociale – en particulier, travail agricole et de plantation, service domestique, petits métiers. Pour autant, les pensions seules ne leur garantissent par l'indépendance matérielle. Bien souvent, les retraités continuent à exercer un emploi salarié en cumul, ou s'engagent dans une activité d'auto-entrepreneur dont les revenus complètent leur pension, voire leur permettent d'aider leurs enfants. Surtout, l'interdépendance familiale est une condition d'existence de la majorité des Cubains.

D'une part, les multiples complications de la vie quotidienne, et notamment les interminables files d'attente nécessaires pour s'approvisionner et satisfaire aux démarches de la vie quotidienne, requièrent le partage des tâches entre plusieurs personnes et générations au sein des ménages dans lesquels cohabitent le plus souvent des grands-parents, des enfants adultes et des petits-enfants, voire des frères, sœurs, oncles et tantes. En second lieu, l'interdépendance est devenue d'autant plus stratégique que les pensions de retraite – tout comme les salaires publics d'ailleurs – ont perdu une part considérable de leur pouvoir d'achat depuis la terrible crise économique des années 1990, qui a suivi la chute de l'Union soviétique. Une personne retraitée seule ne peut pas subsister avec sa pension. En troisième lieu, l'interdépendance est prescrite par un modèle social qui confie à la famille la prise en soin des vieilles personnes lors de leur perte d'autonomie, de leur incapacité ou du développement de dégénérescences cognitives. Les institutions publiques ne procurent de services d'aide à domicile et d'hébergement qu'aux personnes en situation d'extrême pauvreté de soins, alors que l'offre marchande de services d'accompagnement est trop onéreuse pour la majorité des ménages, *a fortiori* de revenus modestes.

Si les femmes perçoivent, à Cuba aussi, des pensions de retraite inférieures à celles des hommes, elles demeurent plus qu'eux dans un cadre familial intergénérationnel et matrifocal, qui leur assure une certaine sécurité matérielle et de soins, assorti de dépendance. *Olga*, qui a dû s'occuper de ses beaux-parents, n'a pas assez cotisé pour percevoir une retraite. À presque soixante-dix ans, elle reçoit quelque aide de ses deux fils émigrés aux États-Unis, mais n'a pas d'autre choix que de travailler comme aide-ménagère chez sa sœur, qui la rémunère chichement. *Adelina*, qui a travaillé comme domestique dans les années 1950, puis comme couturière après la révolution, n'a pas de pension non plus. Elle dépend de son mari et de ses filles, mais tente de garder une certaine autonomie en continuant à coudre pour des clients. *Teresa*, en revanche, reçoit des versements réguliers de sa fille émigrée au Canada, grâce auxquels son autre fille, qui cohabite avec elle, peut rémunérer une aide à domicile.

Le nouveau code de la famille, approuvé en septembre 2022, renforce ces obligations familiales, sans garantir la fourniture de services publics en cas d'incapacité ou d'insuffisance familiale. Or, près d'une personne âgée sur cinq vit seule, soit qu'elle n'ait pas eu d'enfant, soit que ses enfants et petits-enfants aient émigré, soit encore que les parcours de vie les aient distanciées de leurs proches, ce qui est surtout le cas des hommes. De fait, la génération des septuagénaires et plus est aussi celle dont certains des enfants, des frères et sœurs, ont quitté le pays au cours des différents vagues d'exode des années 1960, 1980 et 1990, et de façon accrue depuis les années 2020. Ainsi, la figure du vieux pauvre surgit à nouveau, celle d'une personne isolée, ne pouvant pas bénéficier d'une interdépendance familiale pour satisfaire ses besoins élémentaires, et dont la pension de retraite ne suffit pas pour compenser cette absence par un recours au marché des services d'aide à domicile.

Morale, la question de la pauvreté des vieux Cubains touche aussi au politique. La génération qui souffre aujourd'hui d'un manque d'autonomie économique et de dignité est aussi celle qui a traversé 60 ans de révolution, qui s'est sacrifiée pour ses institutions, a supporté ses crises, a contribué à ses progrès, en particulier dans les champs de la médecine et de l'éducation. Il est difficile de dire que ces vieux Cubains appauvris se trouvent en retrait de la société. Bien au contraire, ils sont pleinement intégrés aux difficultés de survie de la majorité, alors que seule une minorité de Cubains et Cubaines de l'île dispose de ressources pour jouir d'une vie relativement confortable et sûre. Poursuivre une activité professionnelle au-delà de 66 ans est courant. Il demeure que, si la condition ordinaire du Cubain est de vieillir pauvre, et que la pauvreté matérielle est le lot de la majorité de la population, un sentiment d'injustice prévaut, comme une dévalorisation de la contribution d'une génération entière à la révolution cubaine.

J'entends souvent des remarques du type : « Regarde ma mère, elle a travaillé toute sa vie, elle a été enseignante, elle a occupé des postes de responsabilité, elle a toujours été loyale à la révolution. Et maintenant qu'elle est vieille, elle n'a même pas de quoi se soigner, ni manger correctement, ni réparer sa maison ». Ou encore : « J'ai déjà 70 ans, je continue à travailler pour gagner un revenu en sus de ma pension de retraite. Mais comment vais-je faire quand je ne pourrai plus ? Que je n'aurai plus la force de passer des heures chaque jour à faire la queue pour ceci ou cela. Et qui prendra soin de moi, quand j'en aurai besoin, moi qui n'ai pas d'enfant ? »

Le patrimoine au secours des pensions de retraite : assurer ses vieux jours

Pour clore ces réflexions, je voudrais évoquer une ultime ressource des vieilles personnes appauvries, auxquelles leur existence passée de travail ne procure pas, lorsqu'elles cessent de « gagner leur vie », les moyens nécessaires pour la mener dignement. Il s'agit du patrimoine, et en particulier de l'immobilier. Être propriétaire d'un logement, voire de plusieurs, n'est certes pas le lot de tout le monde. Mais parlons ici de ceux-là, qu'ils soient héritiers ou qu'ils aient épargné leur vie durant pour posséder au moins les murs où ils habitent.

Les arrangements par lesquels une personne âgée engage son patrimoine pour obtenir le versement d'une rente ou la satisfaction de besoins en nature, ont été nombreux dans l'histoire et sont encore fréquents (Destremau 2022)[10]. De nombreux travaux d'historiens se sont penchés sur les différents droits, jurisprudences, usages et pratiques successorales occidentales qui permettaient à un père de famille de faire donation anticipée ou de léguer son bien – souvent une exploitation agricole, qui comprenait donc maison, terres, cheptel et outils de travail –, tout en gardant un droit d'y habiter, de recevoir satisfaction de ses besoins alimentaires et personnels jusqu'à son décès, et de voir ses frais d'obsèques pris en charge par ses héritiers ou légataires. J.-P. Bois (1989, 2006)[11] évoque dès les XVIIe et XVIIIe siècles des contrats de protection conclus devant notaire, par lesquels une personne conditionne une donation immobilière à ses enfants à son logement et son entretien viager. Plus près de nous, la donation avec charge d'obligation de soins, le bail à nourriture ou les cessions en viager permettent à la génération âgée de disposer de son patrimoine en échange d'une rente viagère en nature ou en espèce. E. Schijman (2016)[12] souligne combien des vieux désargentés, en France et en Argentine, mettent à disposition l'usage de leur logement, voire sa propriété, pour bénéficier d'une aide sous forme de soins, de travail et parfois d'aliments.

---

10. Destremau, B. (2022). Léguer son logement contre des soins en viager : stratégies patrimoniales et vieillissement dans la révolution cubaine. *Retraite et société*, *89*, p. 123-145.
11. Bois, J.-P. (1989). *Les vieux, de Montaigne aux premières retraites*. Paris, France : Fayard. Bois, J.-P. (2006). Âge, pauvreté ou richesse. Observation historique sur la question des vieux et de l'argent. *Op. cit.*
12. Schijman, E. (2016). Héritage contre prise en charge. Assurer ses vieux jours dans un contexte de pauvreté. Dans F. Dubet (dir.). *Léguer, hériter*. Paris, France : La Découverte, p. 47-56.

Cuba n'est pas en reste. Les pratiques successorales privilégient l'enfant qui demeure avec le ou la propriétaire du logement jusqu'à sa mort, lui prodiguant soin et éventuellement nourriture. En l'absence d'enfant présent, des personnes non apparentées peuvent emménager avec la personne âgée et bénéficier d'un testament leur léguant la propriété du logement en échange de soins en viager. C'est ainsi qu'*Adelina* est devenue propriétaire du petit appartement qu'elle partage avec son mari, au terme de cinq ans de soins à une amie malade, décédée sans enfants ; et la sœur d'Olga du vaste logement qui lui permet de louer des chambres aux touristes, après qu'elle soit venue à La Havane avec son mari pour accompagner les dernières années d'une cousine sans enfants. Depuis la réhabilitation du marché immobilier en 2011, nombreuses sont les personnes retraitées qui vendent leur logement, pour en acheter un plus modeste et profiter du solde pour compléter leur pension et améliorer leurs confort et sécurité de vie (Destremau 2021, 2022)[13].

La distribution de pensions de retraite conforme un modèle de justice sociale et intergénérationnelle, qui répartit les responsabilités du bien-être des personnes âgées entre famille, organismes de mutualisation, et institutions publiques. Quelle prise en compte des existences difficiles, des emplois pénibles, serait équitable ? Quel niveau de sollicitation du patrimoine, des générations les plus âgées et quelles subventions publiques re-distributives ? Quels arbitrages entre soutien aux plus vieux, et politiques en faveur des jeunes ? Chacun pressent que des choix éthiques fondamentaux se jouent là.

13. Destremau, B. (2021). *Vieillir sous la révolution cubaine. Une ethnographie*. Paris : Éditions de l'IHEAL. Destremau, B. (2022). Léguer son logement contre des soins en viager : stratégies patrimoniales et vieillissement dans la révolution cubaine. *Op. cit.*

INTERVIEW DE NICOLAS MENET, DIRECTEUR DE SILVER VALLEY, PAR PHILIPPE GUTTON

C'est avec une grande émotion que nous avons appris le décès de Nicolas Menet, samedi 4 février 2023, atteint d'un cancer incurable. Lors de cet entretien du 6 octobre 2023, Nicolas Menet nous expliquait tout naturellement son désir de profiter librement du temps incertain qui lui restait à vivre, sans peur de la mort. C'était pour lui un autre sens de la vie, message fort de son combat pour assurer une fin de vie digne pour chacun. Son livre *Faire deuil de soi* paraîtra le 16 mars 2023 aux éditions Le Cherche-Midi. Nous adressons nos sincères condoléances à sa famille.

Philippe Gutton: Vous êtes directeur de l'association Silver Valley[1]. Comment est venu cet investissement sociologique dans votre vie ?

Nicolas Menet: Ma passion sociologique a commencé très jeune quand j'ai lu les œuvres d'Émile Zola et d'Honoré de Balzac vers 12 ans, je me suis dit : « C'est cela que je veux faire ». Pas romancier, c'est quelque chose qui me semble impossible à faire. J'ai l'impression que c'est tellement difficile, je suis admiratif des personnes qui écrivent des romans.

Pendant 12 ans, j'ai été patron d'un cabinet de sociologie appliquée. Au début je faisais du marketing mais j'ai trouvé cela peu intéressant, ensuite j'ai fait de la sociologie appliquée pour le service public. Ainsi le sujet des vieux est arrivé car j'ai gagné un appel

1. Silver Valley est un pôle d'innovation unique en Europe qui fédère près de 300 organisations de la Silver Économie, filière transversale qui répond aux besoins et usages des seniors et de leur entourage. Fondé en 2013, Silver Valley est à la fois expert dans le domaine de la population de seniors (sociologie, marketing, prospective…) et dans le domaine de l'innovation et l'accompagnement de startups (méthodes, ingénierie, public des entrepreneurs…). À ce jour 4500 professionnels sont affiliés au pôle d'innovation et une communauté de 9000 seniors bénévoles de 60 à 90 ans participent au quotidien aux actions en faveur d'une innovation utile et vraiment adaptée aux besoins.

d'offre pour l'Agence nationale de l'habitat. Déjà à l'époque, les gens refaisaient leur salle de bains beaucoup trop tard, en moyenne à 78 ans. Ils n'arrivaient pas à solliciter des aides ; maintenant on parle de *Ma Prime Adapt'*. C'est un énorme sujet, on ne connaissait pas et on méconnaissait les personnes âgées. C'était seulement centré sur le coût d'un côté et le profit de l'autre, cela s'arrêtait là.

Alors on a commencé à mettre en place une recherche un peu plus large de sociologie appliquée : comprendre la nuance et complexité de cette population. On s'est rendu compte que c'était extrêmement intéressant de les aider. Il y a eu un engouement inimaginable dans les médias et beaucoup de choses à faire.

Je vais vous donner un chiffre très récent issu d'une étude de Silver Valley qui va sortir, concernant 10 000 personnes de plus de 60 ans : 1 senior sur 2 aide financièrement ses descendants. C'est un montant total de 7,7 milliards d'euros annuel qui peut être injecté au profit des familles, une aide gratuite, sans contrepartie fiscale ou réintégration dans le patrimoine familial. Ce n'est pas seulement que du bénévolat du retraité dont il s'agit, (il y a 30 % des retraités dans les associations et c'est bien), c'est aussi une contribution financière radicale. Le retraité compense en fait tout ce qui est financement social. Il y a là une contribution concrète ; c'est au-delà de l'Allocation de rentrée scolaire (ARS), au-delà de l'aide pour l'essence… Ce qui veut dire que si on enlève ces 7,7 milliards, il y aurait là déjà un énorme vide financier. C'est le premier fait, la contribution financière est gigantesque.

La deuxième contribution financière du retraité, c'est l'engagement. Il y a 77 % des retraités qui s'engagent plusieurs fois par an sur trois niveaux.

- Le premier niveau, c'est évidemment leur famille, ascendants comme descendants, c'est un facteur d'épanouissement qui est la grande gagnante de cet engagement multiforme. Il n'est pas seulement financier. Mais le fait d'être aidant à domicile (aidants qui font la toilette, le ménage ou les repas, les courses, s'occupe du médical, de la gestion des papiers, etc.), c'est un engagement familial au sens profond du terme.

- Le second engagement est localo-local : c'est l'engagement du retraité dans son environnement immédiat, c'est-à-dire son quartier, sa commune, les commençants, le voisin que l'on va aider, la paroisse (c'est fort important chez les retraités les plus âgés, la partie religieuse qui s'effondre après complètement, mais que l'on connait déjà). Et consommer local en favorisant les circuits courts au niveau du marché, des commerces de proximité : c'est une façon de s'engager localement.

- Le dernier engagement est l'engagement citoyen : il y a 4 % des retraités qui correspondent à peu près aux 400 000 élus municipaux et autres qui ont plus de 60 ans. Le faire du bénévolat est aussi l'engagement citoyen dans la cité, aider l'élu local, participer aux décisions de sa commune, etc.

L'engagement des retraités, ce n'est donc pas juste donner de l'argent à la Croix Rouge, faire de l'alphabétisation, il est monumental. Ces trois niveaux, c'est-à-dire la famille, la proximité et la citoyenneté, c'est 77 %, quand même, des plus de 60 ans qui le font. Il y a là, le pilier de l'engagement contribuant à définir la place du retraité dans la société : non pas seulement affaire de coût ou de personnes qui réclament du pouvoir d'achat, c'est vraiment tout simplement des piliers politiques et sociétaux économiques. Au-delà de ce raisonnement (ou constat) sonnant et trébuchant, retenons les grands symboles de la transmission du retraité. Ce n'est pas seulement faire un chèque tous les trois mois à sa fille, à son fils en famille monoparentale, aller chercher les petits-enfants à l'école, il y a des personnes à la retraite qui se retrouvent avec des emplois du temps surchargés... parce qu'il y a 45% des familles monoparentales en France. Ce sont les grands-parents qui récupèrent l'incapacité de leurs enfants à avoir en fait une vie d'adulte, de la gérer, et je ne parle pas des chômeurs, qui restent aussi chez leurs parents.

Ce type d'étude est une analyse qui a fait intervenir des collaborateurs, sociologues et autres pour nous aider à analyser ces chiffres. C'est tout le travail prospectif de Silver Valley, ce n'est pas de la recherche parce que nous ne sommes pas des chercheurs, mais bien les initiatives de pouvoir dire à quel point le vieux est une richesse pour la société.

Dans ce cadre sociétal, concrètement au niveau de Silver Valley, que faisons-nous ? On a créé, il y a maintenant 4 ans, un dispositif *qui met en relation sujets âgés et promoteurs,* nous cherchons des partenaires auprès des associations de personnes âgées. Au départ 15 associations avaient signés des conventions avec nous, on leur demandait sans retour quelconque que les retraités sur leurs volontariats s'inscrivent à nos réunions de discussions sur différents sujets. Maintenant, nous n'avons plus de partenariat avec des associations, nous sommes suffisamment visibles pour que des personnes à titre personnel s'inscrivent ; ils sont indépendants d'une association. On fait des promotions lors des Salons seniors, dans les magazines grands publics comme *Pleine vie*, *Femina*, *Femme actuelle*. Ainsi de nombreux retraités de toute la France nous découvrent et ils ont sur notre site de Silver Valley une page dédiée qui leur permet de s'inscrire.

Notre engagement a plusieurs activités, deux sont emblématiques :

1 - Celle du *Concept crash* qui est un retour direct sur des projets, a lieu tous les premiers jeudis de chaque mois sur TEAMS. Sachant que pour rendre les participants seniors autonomes sur le numérique, lorsqu'ils rentrent à Silver Valley, ils ont accès à une petite formation d'une heure à deux heures sur TEAMS avec Marion Canard. Ils peuvent alors participer à des groupes de parole en visio. Il a été possible pour les retraités pendant le confinement, de continuer ces réunions qui étaient au départ en présentiel, de s'intégrer au numérique. Durant toute la matinée et l'après-midi des startups viennent présenter des projets, des services qu'ils ont inventés concernant le vieillissement et il s'y développe un retour sur ses projets. Cela peut passer par un bras de douche flexible,

un aménagement de la douche elle-même, des repas à livrer à domicile, la plateforme pour créer un livre de sa vie, une aide personnalisée pour le numérique ou l'utilisation du téléphone portable, un service d'aide dédié, une plateforme de divers activités près de son domicile, un fauteuil mobile anti-fatigue adapté à l'ensemble des musées, etc. Il y a entre huit à douze sessions par Concept crash pendant lesquels chaque startups vient *pitcher* son projet en dix minutes et les retraités présents qui ont entre 63 et 92 ans vont donner leurs retours en direct dans un temps donné, selon un protocole bien établi afin que cela soit 20 minutes par projet. Les jeunes porteurs de projets ont presque toujours investi émotionnellement leurs projets dans leurs familles ; ils sont allés demander à leurs grand-mère, grand-tante, ou voisine de grand-mère ou de la grand-tante, et bien évidemment ont comme retour : « Ah, c'est génial ce que tu fais, on est tellement content, fier de toi ! » Et en fait, finalement le projet se révèle complètement nul et ces parents n'ont pas osé le dire. Par contre lors du *Concept crash* il n'y a pas de filtre : parfois les participants retraités sont très durs dans leurs jugements ou seulement dans leurs appréciations avec les porteurs de projets. Ces derniers sont extrêmement contents parce que c'est comme un micro-trottoir. Nous recrutons beaucoup de participants retraités qui veulent participer, cela ne coûte rien, ne prend pas beaucoup de temps et à l'intérieur de ce dispositif de *Concept crash,* il y a des rencontres qui se font, il y a un noyau dur, une équipe qui se crée. On découvre diverses personnes, de nombreux produits, des projets intéressants. Ce *Concept crash* concerne uniquement les projets innovants.

2 - La deuxième activité est l'*Open Lab*[2]. On y parle plus longuement de sujets de société en les approfondissant, ainsi du passage à la retraite, du rôle des

2. Le concept de l'*Open Lab* existe dans les organismes officiels, notamment la Confédération Française des Retraités (CFR) qui est un organisme officiel ayant pour but d'écouter les retraités, et qui est peu connu.

bénévoles, de la fin de vie… On fait venir des spécialistes par rapport à un thème, des sujets de fond ou test de produit. Par exemple: « Comment les personnes âgées ont vécu la période du Covid? ». Et quand on dit, « rien pour moi sans moi » qui est un peu le slogan de *l'Open Lab*, « il n'y a rien pour moi senior, sans moi le senior ». Durant le Covid, nous l'avons beaucoup fait à distance mais maintenant on va pouvoir le reprendre en présentiel. On a abordé l'alimentation, il y a eu des tests de barquettes alimentaires, des présentations de lunettes avec un appareil auditif intégré à la branche de la lunette, des systèmes d'alerte d'assistance sous diverses formes. C'est le moment où finalement le retraité pour qui ont fait ces innovations devient partie prenante de cette innovation. Si le porteur de projet a inventé une box de reconnaissance vocale pour appeler son aidant, la personne qui peut potentiellement l'utiliser, elle est là pour la tester et donner son avis; elle dit au porteur de projet ce qui va ou pas (pas facile de l'allumer, un son trop faible, des cryptogrammes trop petits, ou au contraire une taille, une couleur, un poids bien adapté…). On parle aussi de moments très quotidiens. Sont travaillés ce que l'on appelle « pain points » soit les difficultés que l'on va rencontrer dans les actions de la vie quotidienne. Par exemple, dans l'activité « prendre sa douche », on rencontre dix difficultés: ouvrir/fermer le robinet, pas assez de lumière dans la douche bien qu'il y en ait dans la salle de bain, aller chercher sa serviette sans glisser sur le carrelage, franchir la marche à l'entrée dans la douche. Se poser la question « qu'est-ce que c'est qu'un robinet bien adapté par rapport à la préhension, la reconnaissance du robinet d'eau froid et d'eau chaude, etc. » Ce sont des choses très banales et pourtant, c'est là qu'il y a toute la profondeur sociologique et même probablement psychologique. Lorsqu'à propos des robinets de douche tout le monde veut vendre des robinets thermostatiques, ce qui ressort des discussions, ce sont les gros robinets avec une bonne préhension permettant d'équilibrer soi-même sa température, qui sont plébiscités là où les industriels étaient près à faire un système sophistiqué car ils le pensaient innovant. Se faire à manger, les *pain points* de douleur, les difficultés que l'on a dans la vie courante, avoir des douleurs aux doigts. Faire la cartologie des *pain points* c'est une méthodologie qui est très utilisé par les ingénieurs et la deuxième méthodologie, c'est ce que l'on appelle un *insight*, c'est la perception de la personne lors d'une action qui va formuler ses difficultés. Par exemple, c'est la personne qui va dire : « Je veux bien manger des plats surgelés qui sont bons pour ma santé, mais j'ai toujours du mal à ouvrir l'opercule d'un plat surgelé », « Je veux bien manger des plats surgelés qui sont bons pour ma santé » c'est un *insight* et « l'ouverture du plat » c'est un *pain point*. Ce sont des observations comme celles-ci qui sont très précieuses pour l'industriel, les designers, les personnes qui innovent. Dans ce cas des plats surgelés si on veut les révolutionner et que l'on veut faire une gamme senior, l'ouverture de la barquette sera le principal problème pour acheter ce produit. Si on crée un produit suffisamment spécifique avec une ouverture facile, un mode d'emploi et une description du contenu en caractères suffisamment lisibles cela permettra d'avoir un avantage par rapport à d'autres marques. Ce principe est valable pour tout, faire le ménage, la cuisine, prendre sa douche, se déplacer dans la rue, prendre le métro, enfin des choses de la vie très quotidienne…

Lors de ces *Open Lab*, nous avons des participants très avides de nous faire partager, de nous transmettre, de nous expliquer ce qui ne leur convient pas ou ce qu'ils souhaitent. On est vraiment dans un protocole complet de la co-construction de l'innovation avec la personne concernée. On est au cœur de tous ces mouvements « Rien pour moi sans moi », « Le retraité au cœur de la société », nous ne pouvons pas rêver mieux puisque tout ce qui va être innovant pour eux va être fait pour eux et avec eux. C'est la première grande force de l'*Open Lab*.

La deuxième force de l'*Open Lab*, c'est de mieux comprendre les grandes tendances. Pour tout ce que l'on a fait dans la grande étude qui va sortir fin 2022, on savait quelles questions poser à l'échantillon national représentatif parce que l'on s'est basé sur toutes les discussions que nous avions eu lors de ces *Open Lab* sociétaux. Les trois concepts d'engagements dont nous avons déjà parlé sont issus de tous les échanges que nous avons pu avoir avec les seniors.

Concevoir tout ce qui est progrès sociétal sur le vieillissement avec et pour eux, cela a beaucoup plus de poids à mes yeux que toujours avoir des revendications économiques et financières, qui facilite une stratégie d'évitement pour ne jamais aborder le vrai sujet : nous le savons chez Silver Valley, demander aux personnes âgées : *« C'est quoi vos problèmes, comment vous résolvez cela ? »*, est fondamental. Ne réduisons pas le vieux aux thèmes de la dépendance et du coût pour la société ni à des sujet économiques et financiers sur le pouvoir d'achat à la retraite. On est dans la vie qui continue, on apporte quelque chose à des jeunes. Il y a une transmission et la personne n'est finalement pas réduite à la vieillesse, à son besoin d'assistance, de son financement, de sa demande à la société, à résoudre les problèmes. On est acteur de son vieillissement, cet *Open Lab* est vraiment un dispositif unique en Europe, dernier point important il n'y a aucune visée commerciale. Nous ne sommes pas là pour faire de la promotion mais pour comprendre comment cela marche et qu'est-ce que l'on peut apporter sans visée commerciale. L'engagement de la Silver Valley est une démarche d'abord sociologique[3].

Retranscription de Chantal Cousin,
membre senior de la communauté
Open Lab, Concept Crash, Silver Valley

3. Il y a un portail de contenus sur le site de Silver Valley (silvervalley.fr) où il y a tous les comptes rendus de ces *Open Lab* qui sont accessibles aux adhérents et un accès libre permettant de s'inscrire aux *Open Lab* et *Concept Crash* et d'avoir diverses informations sur notre organisme.

PERSONNES ÂGÉES ET JEUNES DANS LES QUARTIERS POPULAIRES

Joëlle Bordet[1]

Le vieillissement des habitants, une dynamique

Les quartiers populaires urbains ont vieilli en même temps que leurs habitants pour ceux qui s'y sont installés sur plusieurs générations. Construits dans les années 1960, les bâtiments ont été habités le plus souvent par des jeunes familles ouvrières. Ils ont d'abord accueilli les habitants des bidonvilles ou des quartiers insalubres urbains ; nombre d'entre eux étaient issus du monde rural et constituaient ce que l'on a nommé l'exode rural. À cette époque, les populations issues de l'immigration sont encore peu nombreuses dans ces quartiers mais, à proximité de nombreux hommes seuls venus comme travailleurs économiques habitent en foyer. Dans les années 1970, installés en France avec la possibilité de faire venir leur famille, ils habiteront les grands ensembles des banlieues.

Tous les travaux sociologiques de l'époque soulignent le dynamisme de ces nouveaux habitants, souvent des familles avec des enfants et des jeunes. Le chômage n'a pas encore frappé et nombre de syndicalistes deviennent de nouveaux élus locaux ou des militants associatifs. Ils constituent des amicales de locataires très actives et se mobilisent pour obtenir la présence d'écoles, de crèches, de centres de loisirs dans leur quartier. Les enquêtes auprès des habitants montrent une grande satisfaction à vivre dans des logements avec le confort, la lumière et des relations de voisinage. Cependant la rupture des liens avec les per-

1. Joëlle Bordet, psychosociologue, directrice de recherches émérite du Centre Scientifique et Technique du Bâtiment (CSTB).

sonnes connues en bidonvilles, l'absence de jardins, les difficultés pour les femmes à trouver du travail font naître de nouveaux maux, ce que l'on va nommer la « sarcellite », synonyme d'isolement[2]. À cette même période, les affrontements entre les jeunes des quartiers populaires et les jeunes bourgeois défraient la chronique, et les meurtres entre jeunes constituent déjà des événements de l'histoire de ces quartiers (Monod, 1968)[3]. Les quartiers sont déjà des lieux de domination territoriale des jeunes mais c'est aussi l'espace de jeux des enfants et de leur mère qui les accompagnent. Les pères sont en priorité au travail et moins présents dans la vie quotidienne des quartiers.

Lorsque je découvre les quartiers populaires dans les années 1980, ces rapports entre les générations sont encore très présents dans l'espace public. Les familles issues de l'immigration s'installent dans les quartiers ; il peut exister des tensions mais les personnes, grâce aux associations et à l'éducation des enfants, créent de nombreux liens. Peu de personnes âgées vivent dans ces quartiers car les ascendants sont soit restés au pays, soit dans les espaces de vie ruraux.

Selon les quartiers les évolutions vont être différentes, mais tous vont vivre le vieillissement des habitants sauf lorsqu'ils partent pour vivre en pavillon. Jusque dans les années 1990, il existe une rotation des habitants, leurs trajectoires résidentielles les conduisant à quitter le quartier. Mais dès les années 1985-1990, le chômage et le développement des économies de survie par les trafics vont fixer davantage les habitants et, dans certains logements parfois devenus exigus, les familles vont vivre à trois générations, donc avec les grands-parents. C'est particulièrement le

2. Chamboredon, J.-C. et Lemaire, M. (1970). Proximité spatiale et distance sociale. Les grands ensembles et leur peuplement. *Revue française de sociologie*, *11*, 3-33.
3. Monod, J. (1968). *Les Barjots. Essai d'ethnologie des bandes de jeunes*. Paris, France : Julliard.

fait des familles issues de l'immigration: les personnes âgées repartent temporairement au pays mais les enfants et petits-enfants restent en France et sont français. Pour les familles amenées par l'exode rural français, la situation est différente, les personnes les plus âgés repartant davantage dans les villages d'origine. Quant-aux nouveaux migrants, ils sont rarement âgés.

Cependant, dès les années 1990, la question de l'habitat et de l'accompagnement des personnes âgées dans les quartiers populaires commence à être prise en compte par les pouvoirs publics. Au Centre Scientifique et Technique du Bâtiment (CSTB), nous menons pour la Caisse des Dépôts et Consignations des évaluations de programme qui visent à favoriser des aménagements adaptés et à créer des équipements tels que des restaurants ouverts aux personnes âgées dans les maisons de retraite construites à proximité de ces quartiers. Malheureusement, ces programmes visant à créer des conditions de vie propices aux échanges intergénérationnels et à l'accueil des personnes âgées se développeront peu, car le choix gouvernemental est plutôt de favoriser les démolitions – reconstructions, tout en créant de nouveaux programmes d'habitats favorables à la mixité sociale.

Pourtant, les rapports intergénérationnels, la place des jeunes dans l'espace public, la sécurité des espaces publics pour les personnes âgées et les enfants deviennent des enjeux très importants de vie des quartiers populaires. Ils sont traités différemment selon les municipalités, mais je pense que pour des raisons d'équilibre économique du côté des bailleurs sociaux et pour favoriser les processus d'intégration, le glissement vers des aménagements visant à la mixité sociale a créé parfois de nombreux déséquilibres dans la vie des quartiers. Les tensions, les grandes difficultés dans l'espace public de ces rapports entre jeunes et personnes âgées résultent en partie de ce travail peu soutenu sur les dynamiques de vie intergénérationnelles et sur l'accueil de populations situées dans des âges de transition, tels que les jeunes et les personnes âgées.

Je me souviens cependant d'expériences très intéressantes à ce propos qui ont duré parfois plus de vingt ans. À Rennes, comme dans les autres quartiers populaires, les jeunes adultes demandaient un local pour se réunir le soir et se retrouver ailleurs qu'à l'extérieur ou dans les halls. D'expérience, les responsables du Développement social urbain connaissaient les difficultés d'une telle demande et le risque que les comportements des jeunes deviennent insupportables aux autres habitants, en particulier aux personnes âgées. Ainsi, avant de leur attribuer un local, ils ont suggéré à ces groupes de jeunes déjà constitués de faire la preuve de leurs capacités de pouvoir partager des lieux avec des personnes âgées. Ce qui a permis le développement de nouvelles relations entre jeunes et personnes âgées.

Un espace public trop souvent inhospitalier

Aujourd'hui, les relations entre les personnes âgées et les jeunes constituent un enjeu quant à l'équilibre de la vie sociale dans les quartiers populaires, et elles en sont à la fois le symptôme. En effet, dans de nombreux quartiers, les analyses démographiques indiquent que les jeunes – filles et garçons – ainsi que les personnes âgées constituent des populations importantes. Cela dépend cependant de l'évolution du peuplement et des trajectoires résidentielles : le contexte de ces relations n'est pas le même à Grigny la Grande borne, où vivent de nombreuses populations arrivées récemment en France (dont le seuil de pauvreté se situe à plus de 50%), qu'à Paris dans le 20e arrondissement pris dans de grandes dynamiques de mixité sociale ou dans des quartiers de Poitiers dans lesquels la population est très stable.

Cependant, dans ces différents contextes nous constatons des relations de très forte solidarité intergénérationnelle. Dans les familles issues de l'immigration – en particulier d'Afrique du Nord – la culture et le rapport à la religion musulmane favorisent ces solidarités. Très souvent, les grands-parents se sont beaucoup occupés de leurs petits-enfants, alors que les parents travaillent. Arrivés à l'adolescence, ils se sentent très liés à leurs grands-parents.

Les ateliers de la pensée critique, que je développe actuellement dans plusieurs quartiers populaires, montrent que face à l'insécurité de l'existence, les relations familiales constituent un dernier refuge, même si nombre d'entre eux reconnaissent que la vie familiale n'est pas toujours facile.

La période du Covid a été particulièrement significative pour comprendre le rôle des jeunes dans les solidarités durant ces moments difficiles. Face à la contrainte du confinement, mais surtout parce que confrontés à la fermeture des équipements publics – en particulier l'école – les jeunes garçons ont quitté les familles. Ils se sont installés à leur proximité et se sont encore davantage investis dans les économies de survie pour ramener rapidement de l'argent à la maison. C'est ainsi que, face aux demandes de livraisons, nombre d'entre eux se sont inscrits sur les plateformes Uber. Gagnant de l'argent, ils ont alors eu le sentiment de devenir leur propre patron et de contribuer à nourrir la famille. Les jeunes filles ont été davantage recluses dans leur chambre, souvent surveillées par les personnes plus âgées vivant au domicile.

Tous les jeunes ont exprimé leur peur de ramener la maladie à la maison et de risquer d'être, selon eux, responsables de la mort de leurs grands-parents. Les statistiques de certains départements, comme la Seine Saint-Denis, ont fait apparaître une surmortalité importante durant cette période, en particulier concernant les personnes âgées. Dans les familles issues de l'immigration, l'impossibilité de ramener le corps des défunts au pays, ou de se rendre au pays pour les inhumer, a créé des situations de détresse dans les familles et a encore renforcé la peur de la maladie. Les jeunes se sont sentis souvent démunis par rapport à ce risque et aucun entretien ne montre de légèreté, ni d'indifférence à ce propos.

Une période aussi spécifique que celle du Covid souligne cet attachement important aux rapports intergénérationnels dans la famille, souvent soutenus par de grandes alliances entre les mères et leurs fils. Encore aujourd'hui, le destin économique de certaines familles dépend des jeunes hommes, les jeunes filles portant traditionnellement de leur côté la continuité de la famille par le mariage et la maternité. Nombre d'entre elles investissent les études ainsi que la vie domestique de la famille et établissent également des liens forts avec les grands-parents. De nombreux jeunes, voire de jeunes couples, ne quittent pas le domicile des parents et des grands-parents parce qu'il leur est de plus en plus difficile de bénéficier de conditions économiques leur permettant de s'installer de façon autonome. En effet, dans de nombreuses villes populaires le temps d'attente est très long pour avoir accès à un logement social, d'autant qu'ils veulent être à proximité de leurs parents et de leurs grands-parents pour les accompagner dans leur vieillissement.

Cette période du Covid a aussi mis en lumière de grandes relations de solidarité de voisinage, et les jeunes y ont beaucoup participé. Je pense à ce quartier à Lille, faubourg de Bethune, dans lequel le Centre social et ses jeunes ont repéré les personnes isolées – dont certaines personnes âgées – et leur ont apporté des repas cuisinés dans des familles. Durant cette période, de nombreuses associations et municipalités se sont mobilisées pour apporter de l'aide aux personnes isolées. Ainsi à Grigny, la municipalité a actualisé la plateforme de solidarité créée pour les personnes âgées pendant la canicule, et a mis en place un dispositif de communication pour garder le lien avec elles et leur apporter ce dont elles pouvaient avoir besoin. Pour réaliser cet objectif, et en même temps pour lutter contre le renforcement de l'uberisation, la municipalité a créé des stages rémunérés pour les jeunes. Ils ont ainsi, à côté du bénévolat, pu travailler à soutenir les personnes âgées et ramener de l'argent légal dans les familles. Mettre en place un tel travail en situation de crise suppose de concevoir la vie sociale en prenant en compte l'ensemble des rapports intergénérationnels. La notion de « communauté de vie » développée par l'école de Chicago[4] permet de le penser. En France, les travaux sur le Développement Social Urbain ont beaucoup contribué à cette approche dans le cadre de la Politique de la ville et, selon les municipalités, cette approche est portée très différemment.

Cependant, cela ne signifie pas qu'il n'y ait pas parfois de tensions fortes entre des personnes âgées du voisinage, voire des actes de délinquance grave à leur égard. Certaines personnes isolées constituent alors des cibles pour certains jeunes engagés dans le vol et la délinquance. Imaginant que ces personnes gardent chez eux leurs économies ou leurs biens, ils peuvent commettre des actes graves. Ainsi, la question du logement des personnes âgées – ou des personnes handicapées isolées – constitue un enjeu social et de sécurité publique. Trop souvent pour des raisons fonctionnelles, ces personnes sont logées en rez-de-chaussée et deviennent alors la proie de jeunes violents ou délinquants qui vivent à proximité. Ceci suppose une attention particulière qui n'est pas suffisamment portée dans les processus d'attribution de logements. Dans certaines villes, la mise en place de médiateurs sociaux qui interviennent dans les quartiers permettent d'éviter ces situations de tension et sont dissuasives par rapport à ces risques. Trop souvent, ils sont remplacés par des policiers municipaux qui ne sont pas suffisamment formés à la médiation et qui, pour ces jeunes aux conduites délinquantes, repré-

4. Grafmeyer, Y. et Joseph, I. (1979). *L'école de Chicago. Naissance de l'écologie urbaine*. Paris, France : Flammarion, 2009.

sentent des supplétifs à la police nationale. Ils ne se créent pas alors avec eux les mêmes relations de confiance qu'avec les médiateurs.

L'inhospitalité de l'espace public dans les quartiers populaires renforce ces tensions et contribue fortement à la peur qu'ont les personnes âgées de sortir de chez elles. L'architecture et la conception urbaine de l'espace public sont souvent à l'origine des problèmes. Les entretiens que j'ai menés avec des architectes qui étaient très engagés sur le plan social ont montré qu'ils ont souhaité créer des espaces de convivialité adaptés à ces jeunes familles. Autrefois la présence et les antagonismes entre les jeunes et les personnes âgées ne se manifestaient pas et n'étaient pas une question prise en compte dans la programmation urbaine. Ainsi, les cités sur dalle, conçues pour séparer l'usage des voitures de l'habitat, constituent les cadres urbains les plus difficiles car la domination territoriale des jeunes s'y installe et crée des rapports difficiles avec la population, dont les personnes âgées. C'est aussi le lieu de l'affrontement avec les forces de l'ordre, qu'elles soient celles dépendant du bailleur ou celles de la police.

Dans de nombreux quartiers populaires, la fréquentation de l'espace public du quartier est organisée et sécurisée par la présence des équipements publics : la médiathèque, le centre communal d'action sociale, les maisons de quartier, les centres pour la jeunesse, les écoles et les collèges, les clubs de sports. Ils permettent les circulations de tous dans le quartier. Malheureusement, avec le Covid, ces équipements ont tous été fermés en même temps, les personnes âgées et les familles se sont repliées chez elles. L'affaiblissement considérable de ces usages intergénérationnels de l'espace public a rendu ces quartiers plus inhospitaliers pour une partie de la population. Dans ce contexte, faire revivre les lieux d'accueil constitue un défi pour les associations et les professionnels. Pouvoir retisser du lien intergénérationnel dans les équipements d'accueil et de loisirs est une des conditions pour créer d'autres espaces de vie mettant un peu à distance ces affrontements et permettant de transformer ce sentiment d'insécurité.

De nombreuses initiatives sont prises dans ce sens. Je pense à la ville de Saint-Denis où, grâce aux animateurs, des adolescents ont rencontré les résidents de la maison de retraite à proximité de leur quartier. Ils ont fait avec eux des jeux, se sont parlés. Je pense à ces moments de classes à l'occasion desquels les personnes âgées témoignent de leur histoire, en lien avec la Grande histoire ; je pense aussi aux moments partagés à la médiathèque où des personnes âgées lisent des histoires à des enfants... nous pourrions multiplier les exemples à ce propos mais ils touchent assez peu les jeunes adultes. Parfois, les chantiers de jeunes avec éducateurs favorisent ces relations ; ainsi au foyer Duquesne à Dieppe, les jeunes font des travaux de peinture et de tapisserie, mais ne parlent pas assez ensemble. Ils manquent d'espaces pour pouvoir aussi échanger sur la difficulté à supporter l'autre au quotidien, ou pour pouvoir parler de la peur générée par ces jeunes dans l'espace public.

Recréer de l'hospitalité entre jeunes et personnes âgées

L'hospitalité est au cœur de la démocratie. Pour que ces quartiers où vivent beaucoup d'habitants différents en termes d'âge, de culture, de religion, de parcours ... pour que tous se sentent accueillis et parties prenantes de notre société, il est nécessaire de conforter nos capacités et nos désirs d'hospitalité. Les discours de suspicion, ou de questionnement sur la légitimité des uns et des autres fragilisent les rapports sociaux, en particulier entre les jeunes et les personnes âgées.

En ce qui concerne la sécurisation des personnes âgées, l'aménagement constitue un enjeu. Dans trop de quartiers manquent des signalisations qui permettent de se repérer, des espaces de repos, des bancs pour respirer et prendre son temps, pour oser se retrouver seul dans un cadre extérieur au logement. Je sais que ces bancs ont supprimés car trop souvent occupés par les jeunes dans un jeu de domination territoriale. Alors, à quelles conditions les réinstaller ? Il n'y a pas de solution *a priori* ; cela dépend de différents facteurs et d'une présence sociale et éducative effective. Pendant plusieurs années, dans plusieurs villes de France, nous avons travaillé à recréer ces conditions d'hospitalité[5] en visant à développer des processus de réassurance collective. C'est ainsi que nous avons compris que des projets de territoire qui maillent l'aménagement et la présence sociale, sont nécessaires pour une vie sereine des personnes âgées dans ces quartiers, au-delà de l'espace intime ou familier. De même, l'ouverture des quartiers sur les centres urbains ou sur d'autres quartiers par les tramways est un progrès considérable pour la vie de tous, dont celles des personnes âgées.

Une autre perspective pour favoriser ces relations est de favoriser un habitat intergénérationnel et la création de lieux intermédiaires où il y ait plaisir à se rencontrer et à être utiles les uns pour les autres. Je pense à l'habitat créé par l'Association d'éducation populaire (AFEV) les KAPS qui sont des lieux de colocation étudiante dans les quartiers populaires dans lesquels des étudiants étrangers au quartier peuvent venir vivre, à condition de s'impliquer dans la vie sociale. L'analyse que nous avons menée sur les KAPS montre que ce que les jeunes retiennent de cette expérience sociale est très souvent leur rencontre avec les vieux habitants du quartier qui ont été dockers comme à Dieppe, ouvriers des usines de Viscose à Echirolles, ouvriers chez Chausson à Gennevilliers. Ils découvrent alors souvent un pan d'histoire de la France qu'ils ne connaissaient pas, car ce monde ouvrier est traversé par l'histoire des migrations en France.

5. Derrida, J. (1997). *De l'hospitalité.* Paris, France : Calmann Lévy.

De nombreux jeunes des quartiers populaires aimeraient être plus autonomes, tout en restant à proximité de leurs familles. Peut-on construire et faire vivre des habitats intergénérationnels fondés sur les rencontres et les services ? Ceci constitue une réelle demande sociale aujourd'hui. Pour réaliser ces nouvelles perspectives d'hospitalité et de vie démocratique dans les quartiers et les villes populaires, il est nécessaire que ces rapports intergénérationnels, cette demande à la fois d'autonomie et d'accompagnement pour les jeunes et les personnes âgées, que ces âges de transition soient pris en compte dans les projets d'habitat et de vie sociale. Ne pas le faire, risque de renforcer les replis, les affrontements et les rejets des uns et des autres. Mais il existe de grandes potentialités, qui se sont révélées durant la période du Covid.

Partie 3

Mille façons de penser

Penser le silence :
La pensée se plisse
Puis redevient lisse.

Claude Caillart

PLAIDOYER POUR UN PASSAGE À LA RETRAITE PAS SI SAGE QUE ÇA

Laurence Lucas Skalli[1]

Le passage à la retraite peut sembler à certains aussi inquiétant que la traversée des mers du Sud et source d'anxiété projetée sur une période assimilée à un retrait du monde et à une avancée vers la fin de la vie. Vivre le mieux possible cette transition vers de la vie en plus et en faire une « chair pleine et appétissante » comme le diraient de gentils ogres gourmands est presque toujours à notre portée. Avec quoi embarquons-nous pour ce voyage en haute mer inconnue : du désir, un corps, une résilience, une liberté ?

Du désir

Dans certains contextes le passage à la retraite est un objet désiré ambigu. Désir de liberté retrouvée, grande page blanche ou s'inscriront des envies, sur laquelle se programmeront des voyages, un abandon du réveil matin, des levers plus tardifs, des cours de gym et de yoga, la réalisation de rêves reportés, comme des cours de philo, l'inscription à des cours d'histoire de l'art ou encore une activité de grand-parent, et tant d'autres envies. La part de désir que l'être a entretenue au long de sa vie, en l'arrachant souvent à l'ordinaire et aux obligations, la part de l'imaginaire nourri, de l'intériorité cultivée sont autant de clés de réussite de ce passage délicat, la perte de statut social. Sans prétendre à l'exhaustivité ni à constituer un document sociologique, nous pouvons mettre

1. Laurence Lucas Skalli est psychiatre, thérapeute et coach, exploratrice de la conscience et du vivant, fondatrice de Conscience sans frontières.

l'accent sur une bonne nouvelle : la résilience se cultive, longtemps à l'avance et les fruits sont durables.

L'Homme sait ontologiquement s'adapter, combler le vide, les neurosciences nous le confirment, et l'agentivité ou l'art d'agir sur le monde et sur les autres à partir de son intention et de ses propres expériences et perceptions est une donnée consubstantielle de la vitalité psychique de tout un chacun. Premier plaidoyer donc pour se dire que dans ce passage délicat de la retraite, chacun pourra trouver des choses à faire, des choses nouvelles ou esquissées avant la retraite et découvrir de nouvelles relations à se créer sur base de ressemblance et d'intérêt partagé. De même que des amitiés se créent à la sortie des écoles primaires, des affinités voient le jour dans ce temps béni de la curiosité.

Les ingrédients d'une telle mise en chair du désir en autant de lieux d'expériences fragmentés rouvrent la porte à l'idée même d'essais – erreurs, car la gratuité redevient aussi possible, le droit d'essayer et d'abandonner pour autre chose. C'est le temps du multiple possible.

Un corps

Le corps et l'esprit entretiennent des liens complexes et la pensée leur sert d'aiguille à tricoter, à mailler du désir, de l'envie avec du bilan et du nettoyage. Oui, les désirs ont rouillé à force d'être relégués à plus tard, détrônés par Dame fatigue. Oui, les articulations ont fait parfois grève pour être entendues, et les organes nobles ont déjà parlé pour nous rappeler que nous sommes inscrits dans un corps. Si la pensée peut produire de grandes choses, il est une vérité élémentaire aux conséquences heureuses pour le couple corps/esprit : avoir l'intention de se remettre à *marcher* et le faire !

La retraite, n'est pas un retrait du mouvement, c'est un redéploiement, plus vaste, plus précautionneux, clairement soutenu par une intention, un désir et un plaisir. « Marcher sa parole » disaient les philosophes antiques, pour indiquer la vraie posture philosophique. Dans notre monde occidental, il s'agit de redonner au corps en mouvement les droits qu'il a bien souvent perdus, asservi par la vie contrainte et sédentaire. Marcher c'est aussi faire circuler l'énergie vitale, les rhumatologues le mettent en tête de liste de la participation du patient à sa guérison, et de nombreux psychiatres prescrivent la marche comme antidépresseur. Les médecins norvégiens en font même le traitement de première intention de toute dépression. Marcher, c'est donc déverrouiller les articulations, ralentir, regarder, voir, sentir, rêvasser, ouvrir en soi un territoire à la grande initiation au lâcher prise, ce « dahut » tant prisé des cours de développement personnel. De là dans ces ballades où le corps s'apprivoise, des désirs peuvent naître soutenus par les précieuses endorphines.

Une résilience

L'entrée en retraite nous met devant une comptabilité qui opère par soustraction. Moins d'agilité, moins de souplesse, moins d'envie, moins de mémoire, moins de capacité intellectuelle et de facilité à sortir des routines. Qu'à cela ne tienne. Nous savons grâce aux neurosciences et au bon sens que la résilience existe. De quelle « matière » est faite cette résilience souvent définie comme cette capacité à faire face aux chocs traumatiques ou désagréables ? Vieillir serait-il assimilable à un choc récurrent, des microtraumatismes à chaque constat d'une perte ou limitation ? Adossé sur de la réalité subjective et objective – vieillir enseigne et en-saigne, peut s'opérer une alchimie. Un désir de vivre encore plus pleinement, urgemment, en trouvant des compromis avec les limites, des astuces pour que désir et nécessité liés se fraient un chemin vers des formes de créativité. Repousser les frontières et vivre sagement l'acceptation d'un certain ralentissement qui avance à pas feutrés réveille la conscience qu'un agir et une pensée au présent sont de précieux cadeaux. La résilience se cultive, le cerveau se programme nous dit-on, et s'il y a débat sur le nombre de jours nécessaires pour sortir des routines et créer de nouveaux chemins et sentiers, la mise en pratique quotidienne d'une *intention positive claire* permet d'en voir les effets dans la réalité perçue. Sans dénier les outrages du temps ni le capital génétique, l'épigénétique nous assure qu'on peut passer de la lamentation au rebond, que la plasticité neuronale est permanente, et nous constatons que souvent ce rebond s'appuie sur la richesse des interactions relationnelles, sur l'expérience intérieure de la gratitude et sur l'ouverture et la curiosité. Prendre quelques exemples dans son entourage de personnes très âgées à la vitalité déconcertante est plus efficace que de longs discours.

La liberté

Un élixir de jeunesse : la liberté. Vertigineuse, comme nous pouvons percevoir notre frêle embarcation dans les creux d'une mer librement déchainée. Car l'audace la plus grande que nous réserve le passage à un autre temps c'est de pouvoir goûter à la liberté. Liberté paradoxale car la sensorialité et le corps donnent des signes de restrictions et précisément nous invitent à un retournement intérieur dans lequel nous pouvons trouver l'essence de la liberté et sa dynamique de créativité. Vertige de l'amour, dit la chanson, vertige de la liberté trouvée plus que retrouvée. Prendre appui sur ce paradoxe : je perds dehors en statut social ce que je gagne en liberté, je perds en rapidité ce que je gagne en appréciation des choses de la vie, je perds en années ce que je gagne en intensité de temps vécu, chaque jour.

Rien ne se perd tout se transforme et une vie pleine de charme, de sagesse, d'intelligence de cœur et de profondeur ouvre sur du plus grand, sur une forme radicale de liberté. Et si vieillir apportait *aussi* de l'audace et du génie ?

DES MÉDUSES ÉTERNELLES

Claude Caillart

Sur le rivage, la Castafiore vocalise. Légèrement chevrotante, sa voix nous dit tout son plaisir : sans arrêt, elle rit de se voir si belle en son miroir. S'y mirant, vivant sa vie sans faiblir, elle s'admire. À travers ses yeux de diva, dans le miroir de son âme, elle se regarde chanter, et se trouve immuablement belle, et le proclame. Un beau jour, cependant, sous le poids des ans, son miroir finit par s'abaisser.

Face à elle, une créature muette la regarde. Un visage terrifiant, entourée de cheveux hirsutes qui ondulent, tels des serpents prêts à mordre, en sifflant sur sa tête. D'évidence, ce n'est pas Vénus sortant de l'onde, tout entière à sa proie attachée. Ce n'est que la face de Méduse, paralysante, foudroyante.

La chanteuse s'est tue ; sa vie terrestre est bientôt terminée. On a deux vies, s'est-elle rappelée dans un ultime soupir, et la seconde commence quand on se rend compte qu'on n'en a qu'une. Avec le prochain flot, elle rejoindra les gorgones, sœurs de Méduse, pétrifiées pour l'éternité au fond des mers.

Autour d'elles, de minuscules méduses[1], grosses comme des ongles, ont proliféré, espèce nouvelle capable de résister, éternellement, au vieillissement[2]. Au gré des courants, elles dérivent en se nourrissant de plancton. Quand le plancton vient à manquer, ou si la température de la mer change, chaque individu revient à l'état de polype : il vieillit à rebours, régressant pour survivre. Malgré cet avantage, il fait parfois de mauvaises rencontres. Les colonies de ces petites créatures, migrant depuis les eaux chaudes, échappent parfois aux gloutonneries des grosses baleines

1. *Turritopsis nutricula.*
2. Brendborg, N. (2022). *Pourquoi les méduses ne veillissent pas et autres secrets de longévité de la nature*. Paris, France : Leduc.

boréales. Ces dernières, en chantant pour communiquer, se signalent les colonies de méduses, pour s'en nourrir, avant de s'accoupler. Sans les campagnes d'extermination menées par les hommes et les requins du Groenland, ces gros mammifères évolués pourraient vivre plus de 200 ans. Le chant grave des baleines accompagne la chasse au plancton.

Les minuscules méduses ont découvert le secret de l'éternelle jeunesse. Ce que cherchait la Castafiore, dans son miroir terrestre, cette nouvelle espèce l'a trouvé et prouvé, en s'adaptant à l'adversité. Et chaque soir, sous la voute céleste, les étoiles s'allument, pour célébrer en silence une voix qui s'est tue, et la gloire immortelle de la divine cantatrice.

ANNIE ERNAUX ÉCRIT LA FIN DE SON ADOLESCENCE… ENFIN !

Philippe Gutton[1]

Bien vieillir est un art complexe, « complexe » dans le sens ou le mot même comprend des paradoxes. L'âge que l'on qualifie de grand est une situation qui comporte des sentiments contradictoires aux aspects à la fois négatifs et positifs. Annie Ernaux dit : « La liberté tant recherchée s'exprime au mieux dans les contraintes de l'écriture » [2] et « dès lors la pensée est tel le cul entre deux chaises »[3]. Elle a la volonté et la liberté de mettre en scène les réalités de sa vie. On pourrait dire que bien souvent, si ce n'est à chaque fois, c'est ce qu'elle demande à son écriture, ce qu'elle en attend, soit être intégrée à sa propre histoire par le fait même d'écrire. Et disons-le c'est ce que son écriture ainsi réalise. L'histoire ainsi racontée n'est pas seulement une autobiographie avec des preuves physiques dont les auteurs sont friands aujourd'hui, c'est plutôt « un journal » dont le texte cherche au-delà des faits à exprimer et à commenter leurs significations interrogatives. *Oui, l'écriture est une « entreprise intenable »*[4], en particulier celle de la fin de son adolescence reprise à 75 ans.

D'abord, je rappelle une histoire d'amour simple puisqu'elle l'a écrit en son décours : émotion et renvoi à sa mère. Annie Ernaux a quinze

1. Philippe Gutton, écrivain, psychiatre, psychanalyste, professeur des universités (Sorbonne, Paris VII Denis Diderot).
2. Ernaux, A. (2016). *Mémoire de fille*. Paris, France : Gallimard, 2022.
3. Je cite outre ses ouvrages, des mots qu'elle prononça lors de l'« Émission spéciale Annie Ernaux, Prix Nobel de littérature », *La grande librairie, France 5,* 19 octobre 2022.
4. Ernaux, A. (2016). *Mémoire de fille. Op. cit.,* p. 40.

ans, aimant Mathieu intellectuellement et physiquement depuis quelques semaines, ils font l'amour : « Son image pleine de sueur me plaisait. [...]. Je ne sais pas le sens de cette journée sauf que je suis sûr qu'on ne peut commencer à se toucher même du bout des doigts sans vouloir parcourir tout le chemin. [...]. J'avais imaginé cela comme le reste, très doux, c'était le poignard, [...] j'ai serré les dents avec des larmes, je rêvais d'anesthésie [...]. Quand il eut réussi, le vide brutal, je m'étais toujours demandé comment ça se passerait à l'intérieur. Rien, je n'ai même pas su où finissait le tunnel. Ma mère qui voulait me percer les oreilles [...]. J'avais perdu le carabi[5] gentil, ignorant, des huit ans, la petite bête tapie malgré tout, on ne sait pas ce qu'elle veut, ça s'appelle la pureté, vite dit. Je n'avais encore rien à la place. Ma mère lui donne un drôle de nom, son crougnougnous, objet innommable, pouah, je n'avais pas ça en moi. Et puis j'ai pensé que vraiment ça ne regardait pas les parents. [...]. J'avais envie de raconter, d'écrire, je ne savais pas par où démarrer [...] »[6]. De fait la page se termine sur des interrogations où se mêlent l'écriture, sa volonté de changement d'un nouveau nom et prénom, « elle griffonne [...] "je voudrais partir d'ici" [...]. [...] quand je sens quelque chose que je n'arrive pas à expliquer, je crie, qu'on n'a pas le droit, ce mot-là pour moi c'est tout »[7]. Elle reviendra ensuite à Mathieu plus ou moins fâchée : impossible dialogue avec les garçons. Elle se sent sale, prostituée comme « si elle avait fait dans sa culotte [et commence] à penser qu'il m'a manqué un code, des règles, pas celles des parents, ni de l'école, des règles pour savoir quoi faire de mon corps »[8].

5. Expression de sa mère pour le sexe de la petite fille.
6. Ernaux A. (1977). *Ce qu'ils disent ou rien*. Paris, France : Gallimard, p. 101-106.
7. *Ibid.*, p. 106 et p. 118.
8. *Ibid.*, p. 123.

La situation est toute différente, d'une complexité profonde lorsque Annie Ernaux écrit *Mémoire de fille*[9]. Elle a 75 ans, elle peut et veut confier à sa plume les scènes de « l'été 58 » où elle s'appelait encore Annie Duchesne. Elle n'avait pas pu jusqu'alors engager cette écriture, 58 ans ont passé. Elle avait presque 18 ans et était monitrice de colonie de vacances. Les premières pages de son livre dessinent le moment négatif où dans la réalité des faits elle éprouve le désir de se séparer de sa mère qui ne le veut guère. Sa mère a décidé de l'accompagner au château où se trouve la colonie. Elle est à côté d'elle dans le train. Elle accompagne sa petite fille et désirait même monter inaugurer sa chambre partagée. Cette conduite de séparation regrettée n'est pas nouvelle dans la vie d'Annie Duchesne, elle est quasi régulière tout au long de son adolescence et même de son enfance. Cependant elle a ici un côté non pas définitif, elle sera toujours interrogative du côté de sa mère[10], mais elle veut un événement dans son histoire qui nécessite et justifie un acte, avec une dimension de l'ordre de la métamorphose. Tout doit être nouveau. Les choses sexuelles qui s'y passent n'ont encore jamais eu lieu dans sa vie, seulement jusqu'alors richement imaginées. Elle est la plus jeune monitrice. Les enfants sont absents du roman, négligés[11]. La mise en réalité de ses désirs de femme se veut libre et affirmée dès sa première nuit avec le moniteur-chef de 22 ans nommé H. Nuit détaillée au cours de laquelle, cmmenée par son partenaire, elle le satisfait sexuellement et dit rester « vierge ». Son désir est évident mais son vagin refuse la pénétration. Ni soumission ni consentement. Je suis « emportée dans le désir d'un seul Autre ». « Ce n'est pas à lui qu'elle se soumet, c'est à une loi indiscutable, universelle, celle de la sauvagerie masculine qu'un jour ou l'autre il lui aurait bien fallu subir. Que cette loi soit brutale et sale, c'est ainsi »[12]. « C'est la première fois que je retrace cette nuit du 16 au

9. Ernaux, A. (2016). *Mémoire de fille. Op. cit.*
10. *Cf.*, Ernaux, A. (1988). *Une femme.* Paris, France : Gallimard.
11. Socialisme alors négligé ?
12. Ernaux, A. (2016). *Mémoire de fille. Op. cit.*, p 48.

17 août 1958 en éprouvant une satisfaction profonde. Il me semble que je ne peux m'approcher davantage de la réalité. Qui n'était ni l'horreur ni la honte. Seulement l'obéissance à ce qui arrive »[13].

1 - *L'événement de la colonie, entre la fille et la femme.* Elle était la fille de sa mère. Elle devient la femme (pas comme sa mère) et se découvre une soumission à la passion masculine. *L'événement devait être un événement transitionnel mais sa violence en fit un traumatisme psychologique.* Trop de plaisir, trop de liberté sexuelle, groupale et de langage. L'été 58 est néanmoins cloisonné, rétréci par le maintien de sa virginité symbolique, le corps accepte les relations aux hommes mais garde l'identité que son enfance souhaitait garder. Annie Duchesne est devenue « une pin-up froide, boulimique et sans règles, qui repousse avec hauteur les tentatives masculines »[14]. En cet été 58, elle ne fut qu'un « objet sexuel »[15]. Quel paradoxe maintenu plus de 50 ans car hors d'écriture ! La discontinuité excessive de l'été 58 ne peut parvenir à la continuité d'un recul de soi qui ultérieurement l'a reconstruite. Savait-elle qu'elle était un peu comme le « porte honte » de son dégagement de la culture de ses parents ?

L'événement qui devait conduire à la féminité perd avec le paradoxe de son intensité festive pornographique et de son énigmatique refus corporel, toute dynamique historique. Il ne peut être mis en récit. Ensuite, pendant quelques années, elle pourra dire : « Je me cloître, trouvant le repos pascalien dans ma chambre »[16]. L'espace temps de la colonie s'enferme dans la mémoire, « une espèce d'immersion sans avenir »[17].

---

13. *Ibid.*, p. 50.
14. *Ibid.*, p. 155.
15. *Ibid.*, p. 148.
16. *Ibid.*, p. 161.
17. *Ibid.*, p. 84.

« Toute la mémoire de la colonie est murée »[18]. L'absence de signification de ce qui lui arrive fait de l'événement une enclave obsédante qui perdura jusqu'en 2016. Il persista même toute sa vie de mille façons avec un aspect immobile obsédant, humiliant, honteux, sous le couvert de la répétition au sein d'autres séances amoureuses vécues et relatées. La colonie se transforma en une sorte de monstre prêt à bondir et « un livre restait en projet ».

2 - *L'écriture advint à 75 ans, « je suis passée dans un autre monde » dit Annie Ernaux celui du retrait par l'âge qui fait que l'écriture de l'été 58 fut en 2016 possible.* L'écriture devient réalisable lorsque ses libertés en particulier sexuelles et groupales se font difficiles; les parents ne sont plus là, lorsque bien des possibles se transforment en impossibles, lorsque l'âge, le retrait et la finitude s'imposent progressivement. Oui, en vieillissant le sens de la vie se fait plus interrogatif. « Retraité », la création psychique s'offre à l'écriture. Le paradoxe de la colonie est accepté dans le temps et l'espace d'un livre. Après 273 jours d'écriture, « le 28 avril 2015 je quitte la colonie pour de bon. Tant que je n'y étais pas entrée de nouveau par l'écriture [...]. Je ne n'en étais pas partie »[19]. Écrit, l'événement se « désincarcère » et ouvre le récit à son histoire imprévisible dans les années qui suivent et qu'il faut écrire. « Non pas j'ai un corps mais je suis un corps. » Dans cette « vérité du souvenir » l'auteure se sent maintenant dépositaire de quelque chose de personnel; elle dit même sa honte et sa culpabilité. Le corps de l'homme (assurément violent) dont elle relate minutieusement les exigences est devenu « le grand mystère narcissique masculin ». En écrivant à 75 ans, elle se débarrasse de l'événement traumatique et affirme son identité. Maintenant, elle a le droit de dire « je », d'être lucide, intelligible même dans les « paysages de l'interdiction ». Citant Anton Tchekhov, Annie Ernaux

18. *Ibid.*, p. 156.
19. *Ibid.*, p. 85.

conseille, optimiste, « soyez juste et le reste viendra de surcroît ». Je suis tenté de trouver qu'elle n'a pas dans ce livre la même écriture que d'habitude, plus approximative, moins hachée De ce fait, l'événement peut prendre place et sens dans son histoire. Alors et alors seulement, « Je peux dire: elle est moi, je suis elle »[20]. On peut comprendre sa crainte: « Quand j'écris c'est la mémoire qui me guide et perdre la mémoire est quelque chose auquel je pense et qui est atroce »[21].

3 - *Une autre interrogation advient ; dans quelle mesure l'âge venant et venu, le sentiment de finitude rend cette écriture non seulement possible (elle ne l'était pas jusqu'alors) mais en quelque sorte nécessaire, oui nécessaire pour exister ?* Tout se présente comme si l'immense cloisonnement psychologique et religieux porté par la « femme », c'est-à-dire sa mère d'Yvetot empêchant la mise en écriture de la fille, tombait grâce à une autorisation identitaire. Ainsi l'autohistoire d'Annie Ernaux trouvait sa continuité: *« Je suis une femme puisque ma mémoire le dit »*[22] : se remémorer l'été 58 comme un événement intermédiaire, une transaction historique incontournable entre la fille et la femme. Ce qui devait être une marche continue entre la fille et la mère était un espace de manque. Et dès lors le cheminement raconté et donc revécu de l'épisode, construit la continuité de l'histoire l'autrice.

Je vois que le souvenir d'abord sensoriel puis rédigé et mis à jour, interrogé, a une valeur d'affirmation de soi. Ce n'est pas un souvenir comme nous en avons au quotidien. La *Mémoire de fille* a une valeur identitaire. Les faits de l'été 58 viennent et passent. Ils remplissent le

20. *Ibid.*, p. 86.
21. *Ibid.* H. de Montherlant à 75 ans écrivait: « Cesser de désirer charnellement et cesser de l'exprimer par l'écrit: c'est-à-dire cesser d'exister… plutôt ne pas être, que ne pas être ce qu'on est fait pour être » ([1972]. *La marée du soir, carnets 1968-1971*. Paris, France: Gallimard, 1972, p. 17).
22. *Ibid.*, p. 92.

jour et les rêves. Ils sont agréables et pénibles, *mais leur place possède une singulière importance*[23], *existentielle*, fabriquant les sources du ressenti et de l'imagination, gagnant même une certaine optique qui pourrait faire comprendre la vie lorsqu'on écrit. Il y a là une expérience unique, symbolisant ce qui organise bien des périodes de sa vie, interrogative. Certes les réponses ne sont pas toujours à notre portée mais les questions ont en elles-mêmes une dynamique intense, émotionnelle et créatrice.

Jacqueline de Romilly (1913-2010), première femme du Collège de France et des académiciennes a fait ainsi un beau travail en 2009 sur *Les révélations de la mémoire*[24]. Certains moments de la vie resurgissent parfois soudain au grand âge avec une force énigmatique dont l'émotion signe le sens de notre histoire humaine à laquelle nous sommes attachés ; ils esquissent, voire dessinent un fil rouge ou le fil rouge de notre trajectoire de vie. L'auteure les revit, les raconte, les écrit et les compare aux expériences de bien des écrivains en particulier Marcel Proust (avec sa madeleine), Stefan Zweig et Andreï Makine. Elle se sent alors persister dans la vie malgré les méfaits avancés de la finitude. « N'y aurait-il pas, en somme, des richesses insoupçonnées qui soudain se révèlent au moment où l'on croyait avoir tout perdu, à la fin de sa vie ? C'est là une hypothèse qui me plait ; et elle jette, dans la sombre atmosphère du grand âge, une lumière [...] étonnante [...] »[25]. « Il y a autre chose »[26] que le souvenir des quotidiens d'actions de rêves et du

23. Je rapproche ce roman de *L'amant* de M. Duras : la première relation sexuelle de la jeune fille au décours de laquelle elle pense : *« j'ai vieilli »* est mise en roman alors qu'elle avait 70 ans (Duras, M. [1984]. *L'amant*. Paris, France : Les Éditions de Minuit).
24. Romilly, J. de (2009). *Les révélations de la mémoire*. Paris, France : Le Livre de Poche, 2011.
25. *Ibid.*, p. 69.
26. *Ibid.*, p. 112.

langage semés de troubles de mémoire, c'est la découverte d'un élan intérieur « lumineux, durable ». « [...] ces révélations de la mémoire que j'ai évoquées ici nous mènent dans un monde qui peut n'être pas éternel, mais un monde différent du nôtre, plus lumineux, plus riche, et mystérieusement appelé à renaître. Il y a autre chose que les réalités de notre corps, autre chose que les doutes avec lesquels nous avons à vivre en ce monde. Est-ce difficile d'imaginer cet univers autre ? »[27]. « On reconnaîtra alors qu'à côté de l'ici, il y a un ailleurs et qu'à côté du maintenant, il y a un toujours »[28].

27. *Ibid.*, p. 110-111.
28. *Ibid.*, p. 111.

« SONGE À LA DOUCEUR... »

Anne-Marie Gaignière[1]

« Quand ils rentrèrent, Madame Arnoux ôta son chapeau. La lampe, posée sur une console, éclaira ses cheveux blancs. Ce fut comme un heurt en pleine poitrine »[2]. Vingt-sept ans après leur première rencontre sur le bateau : « Ce fut comme une apparition »[3], Frédéric Moreau retrouve cette femme qui a occupé ses pensées, ses rêves, ses désirs pendant toutes ces années, et le désenchantement est brutal ; d'autant plus qu'après le passage où elle coupe pour lui une mèche de ses cheveux et quitte la pièce, en tournant la page, on peut lire ces mots : « Et ce fut tout »[4].

Avec sa plume-scalpel, Flaubert ne peut pas mieux dire le commencement et la fin de cette illusion d'amour, que, quelques décennies plus tard, Freud a nommée « transfert », et qu'il a fini par considérer, après l'inquiétante étrangeté de la découverte, comme « le plus puissant instrument thérapeutique » de la cure psychanalytique.

Cette *Éducation sentimentale*, en fait, n'en est pas vraiment une ; les années ont passé et Frédéric n'a rien compris, rien appris, ni sur lui-même, ni sur l'être aimé. Ce qu'il appelle son « amour » est resté figé dans les émois et les affres d'une vénération qui tient plus de l'imaginaire que du réel. Il a entretenu pendant vingt-sept ans l'image idéalisée d'une mère, ou plutôt d'une Mère (le symbolique appelle une majuscule). Vertueuse, calme, sereine, rayonnante à la fois de douceur et d'autorité, Marie Arnoux est sublime, forcément sublime... Elle est frôlable

1. Anne-Marie Gaignière, retraitée de l'Éducation Nationale, passionnée de littérature et admiratrice de l'œuvre de Freud.
2. Flaubert, G. (1869). *L'Éducation sentimentale*. Paris, France : Le Livre de Poche, 1968, p. 466.
3. *Ibid.*, p. 23.
4. *Ibid.*, p. 468.

mais intouchable, et l'irruption du réel – ses cheveux blancs – suffit à désagréger l'icône.

On ne peut pas ne pas penser à cette pauvre Emma ; provinciale un peu sotte, rêveuse, plus romanesque que romantique, mauvaise mère, un tantinet catin, sans le savoir vraiment, sans le vouloir vraiment, et vouée, inéluctablement, à l'autodestruction. Cher Flaubert, il n'échappe pas, semble-t-il, à un fantasme masculin plutôt répandu, qui a traversé les siècles, et a été exprimé clairement par Jean Eustache dans *La Maman et la Putain*[5].

La littérature n'en finit pas de nous conter des histoires d'amour ratées, des amours défaites ou impossibles. En voici un autre exemple tout aussi connu que le premier : « Et avec cette muflerie intermittente qui reparaissait chez lui dès qu'il n'était plus malheureux et que baissait du même coup le niveau de sa moralité, il s'écria en lui-même : "Dire que j'ai gâché des années de ma vie, que j'ai voulu mourir, que j'ai eu mon plus grand amour, pour une femme qui ne me plaisait pas, qui n'était pas mon genre !" »[6]. Une femme qui n'était pas son genre… Pauvre Swann !

Au commencement de la plupart des rencontres amoureuses, il y a un moment magique, une illumination intérieure, l'évidence d'une force d'attraction sexuelle partagée. Dans l'histoire littéraire, peu de femmes ont osé écrire le bouleversement profond lié à cette expérience. L'une d'entre elles l'a fait, au milieu du XVIe siècle, Louise Labé, dans un sonnet :

> « Je vis, je meurs : je me brule et me noye.
> J'ay chaut estreme en endurant froidure :
> La vie m'est et trop molle et trop dure.
> J'ay grans ennuis entremeslez de joye :

5. *La Maman et la Putain,* film français de Jean Eustache, 1973.
6. Proust, M. (1913). Du côté de chez Swann. Dans *À la recherche du temps perdu, T. I.* Paris, France : Gallimard, La Pléiade, 1954, p. 3-427, p. 382.

Tout à un coup je ris et je larmoye,
Et en plaisir maint grief tourment j'endure :
Mon bien s'en va, et à jamais il dure :
Tout en un coup je seiche et je verdoye.

Ainsi Amour inconstamment me meine :
Et quand je pense avoir plus de douleur,
Sans y penser je me treuve hors de peine.

Puis quand je croy ma joye estre certaine,
Et estre au haut de mon desiré heur,
Il me remet en mon premier malheur »[7].

À écrire ces mots, aujourd'hui, en Iran, une femme risque le lynchage.

Et puis, les années passent, le charme des commencements se délite progressivement, les couchers de soleil perdent leur beauté, les petites manies d'abord accueillies avec indulgence agacent de plus en plus, des ridules apparaissent au coin des yeux et de la bouche. Puis viennent les reproches, la jalousie, les querelles, la mauvaise foi : chagrin, colère, pitié étroitement mêlés ; et parfois, même, la violence et la haine. Faut-il pour autant baisser les bras, renoncer ? Faut-il se contenter des satisfactions substitutives de la sublimation (parfois exaltantes, certes !) ? Faut-il accepter cette fatalité dont parle Aragon : « Il n'y a pas d'amour heureux »[8] ?

7. Labé, L. (1555). *Œuvres complètes.* Paris, France : Garnier-Flammarion, 2020, p. 125.
8. Aragon, L. (1945). La Diane française. Dans *Œuvres poétiques complètes.* Paris, France : Gallimard, La Pléiade, 2007, p. 987-1031, p. 1004.

(Tu cites, tu cites, c'est tout ce que tu sais faire, me dirait le perroquet Laverdure[9] ; mais… c'est pour leur rendre hommage, et partager un peu de ce qu'ils, elles, m'ont donné). Quand les hasards de la vie nous offrent le privilège d'une véritable rencontre, comment pourrions-nous renoncer ? Maintenant, nous savons ; dans toute histoire d'amour, d'un côté comme de l'autre, il y a du « transfert », des transferts. Il y a cet intrus intriguant, qui a sans doute provoqué la rencontre, mais qui n'en finit pas d'intriguer, obscurément, inlassablement ; pour défaire ce qui cherche à se construire ; pour séparer ce qui cherche à s'unir ; pour arrêter au bord des lèvres les mots de tendresse et d'amour qui voudraient se dire ; pour paralyser les bras qui souhaiteraient s'ouvrir. Cet intrus vient de loin, de très loin, et du plus profond : « Mais le vert paradis des amours enfantines »[10]… Oh ! oui, Baudelaire, il y a un « mais », et il est parfois terrifiant.

Comment se débarrasser, comment surtout débarrasser l'autre, de cet écran de paillettes miroitantes et trompeuses, trop souvent négatives, qui sépare de ce qu'il est vraiment, de ce qu'elle est vraiment ? Le chemin vers l'autre semble ne pouvoir passer que par un chemin vers soi. Quelle que soit la voie choisie, elle risque d'être longue, douloureuse, semée d'embûches, de moments de doute, de larmes et même de désespoir ; il y faut du courage et de la ténacité.

Alors, peut-être, à force de patience et d'obstination, peut-être pouvons-nous espérer apercevoir une petite lumière dans le lointain : un coin de ciel bleu, un feu de bois crépitant dans la cheminée, un rire partagé, un verre de bon vin savouré, des élans de tendresse retrouvés, des instants harmonieux et apaisés.

Ce serait comme une invitation au voyage… intérieur, un voyage toujours inachevé (restons asymptotiques !), pour tenter de se libé-

---

9. Allusion à un personnage de *Zazie dans le métro* (Queneau, R. [1959]. *Zazie dans le métro*. Paris, France : Gallimard, Folio, 1973).
10. Baudelaire, C. (1868). Mœsta et errabunda. Dans *Les Fleurs du Mal*. Paris, France : Le livre de Poche, 1962, p. 80-81, p. 81.

rer d'au moins quelques-unes des entraves liées au passé et vivre le mieux possible cette aventure à deux, humaine, juste humaine, jamais « trop humaine », et, donc, se sachant et s'acceptant éphémère. Dans cette perspective, le temps qui passe n'abîme pas, il consolide.

Les derniers mots seront pour Camus : « Et Rieux [...] pensait qu'il était juste que, de temps en temps au moins, la joie vint récompenser ceux qui se suffisent de l'homme et de son pauvre et terrible amour »[11].

---

11. Camus, A. (1947). *La Peste*. Paris, France : Gallimard, Folio, 1972, p. 271-272.

DEUX ÂGES

Odile Abergel

Noir sur blanc les statistiques
Que la loi feint d'ignorer
En dépit de la logique
Qui devrait légiférer

Seulement 3 ans à vivre
Pour l'ouvrier retraité
Alors que 30 ans vont suivre
Pour le riche aux grands projets

Si deux âges étaient choisis
L'un plus tôt, l'autre plus tard
L'époque serait jolie
Et la vieillesse moins noire

Que riment les belles phrases
Quand l'injustice est criante !
Chacun reste dans sa case
Cette rime m'épouvante

SUR LE CHEMIN TRANQUILLE

André

Sur le chemin tranquille de retour de l'école :
- « Grand-mère, hier c'était mon anniversaire. J'ai cinq ans ! Et toi ?
- Oh… moi, j'ai beaucoup plus que toi…
- Oui… mais alors… C'est toi qui seras morte avant moi ! »

L'ACTU-ALITÉE DÉPASSE LA FICTION

Odile Abergel

Plan 75[1] est un film de science-fiction. À moins qu'il ne s'agisse d'anticipation. En voici le pitch : face à la charge inutile que deviennent les vieux pour la société, le Japon propose un accompagnement pour les euthanasier à partir de 75 ans.

Ce film n'a donc rien à voir avec la loi sur l'aide au suicide actuellement débattue en France. En effet, celle-ci concerne seulement les personnes souffrant de maladies incurables.

Mais le doute s'immisce quand on apprend qu'aux Pays-Bas, où l'euthanasie est légale depuis une vingtaine d'années, un projet de loi a été proposé visant à autoriser l'aide au suicide pour « vie accomplie » à partir de 75 ans, sans condition médicale. À moins d'imaginer que les Néerlandais soient inhumains, contrairement aux Français, à moins également de considérer comme exotiques les films japonais, une question vient à l'esprit : l'euthanasie en cas de maladie grave ouvrirait-elle la voie à l'euthanasie pour ne pas vieillir ?

Pensons d'abord à la personne qui souffre et se sait condamnée. Pourquoi ne pas lui accorder une assistance au suicide ? Sa demande est légitime. Je ne vois pas au nom de quoi on refuserait à quelqu'un d'abréger ses souffrances.

Mais, une fois encore, le doute s'immisce. Car le personnel des soins palliatifs nous explique qu'il ne laisse pas souffrir les patients. Et l'immense majorité des familles, dont je fais partie, manifeste une reconnaissance infinie envers les services de soins palliatifs. L'urgence serait peut-être de généraliser l'accès à ces soins de façon à ce que tous les

1. *Plan 75*, film japonais de Chie Hayakawa, 2022. Mention spéciale à la caméra d'or Un certain regard du festival de Cannes 2022.

français puissent en bénéficier dans des établissements dédiés, ou à l'hôpital, ou à domicile. Aujourd'hui, deux tiers des personnes qui en ont besoin en sont privées car cela revient cher à l'État.

Mais certains mettent en doute la valeur des soins palliatifs en les suspectant de considérations religieuses. Les soignants et bénévoles au chevet des mourants ne seraient que d'infâmes croyants, bien pires que les athées que nous sommes vouant un culte à notre carrière, à notre ego, à des activités urgentes situées le plus loin possible des personnes diminuées… Ils sont même parfois taxés de cathos d'extrême droite. C'est faux, même si certains en font partie. Quel que soit leur obédience, ils réclament le développement des soins palliatifs et l'application de la loi Claeys-Léonetti qui n'est pas suffisamment respectée. Pour ma part, je ne suis pas médecin, mais simple citoyenne. Je suis de gauche, je suis agnostique, et mes parents étaient athées. Ils affirmaient que jamais ils ne supporteraient de devenir dépendants. Puis, comme tant d'autres vieux ou malades, ils se sont accrochés à la vie car ils ont eu le bonheur de me voir, ou le bonheur d'échanger un sourire avec une aide-soignante. Grabataires ou pas, ils ont toujours été dignes. D'ailleurs aucun vieux, aucun handicapé, aucun pauvre, ne manque de dignité. C'est le regard que la société porte sur eux qui est indigne.

Je fais confiance aux soins palliatifs, mais je pense aussi aux personnes qui n'en relèvent pas encore, à celles qui veulent mourir avant de trop souffrir. C'est leur liberté. Pourquoi ne pas les aider ? Si le législateur parvient à établir des conditions très strictes de façon à empêcher la pression d'un entourage impatient de se libérer de la charge d'un malade, je suis probablement pour. Mais il faudrait peut-être envisager d'autres instances que les médecins pour donner la mort.

Ainsi, toutes précautions prises, pourquoi ne pas faire passer une loi sur le suicide assisté tout en renforçant les soins palliatifs ?

Hélas, le doute s'immisce de nouveau. Car je pense à un autre projet de loi qui a été étonnamment « enterré », ou qui est « parti en fumée » (je ne sais quelle métaphore funèbre choisir). Il s'agit de la loi « grand-âge et autonomie » qui visait à réformer la prise en charge des personnes âgées ou en situation de handicap de façon à améliorer leur vie. Nicolas Sarkozy s'y était engagé puis a reculé, François Hollande aussi, Emmanuel Macron également. Et c'est aujourd'hui une loi sur le suicide assisté qui s'impose comme première urgence ! De plus, de nombreux médecins précisent que, dans les pays où l'aide au suicide a été votée, les soins palliatifs n'ont pas été développés.

Alors commençons par promulguer la loi grand-âge ainsi que la généralisation des soins palliatifs, et, juste après, on s'occupera d'une loi sur le suicide assisté permettant d'aller encore plus loin que la loi Clayes-Leonetti.

Oui, pourquoi pas ?

Sachant que tant de personnes âgées, malades, handicapées, finissent seules chez elles ou dans des établissements où le personnel soignant n'a pas les moyens de leur apporter les soins nécessaires, sans parler des cas de maltraitance, sachant que toutes ces personnes représentent l'énorme majorité d'entre nous, pourquoi ne pas commencer par s'occuper d'elles ?

Voici en quoi notre actualité dépasse la fiction, et même la science-fiction, car dans le film *Plan 75*, les choses sont dites clairement « le surplus de personnes âgées représente un fardeau pour l'économie et une charge pour la jeune génération ». Pour l'exprimer autrement, il est moins cher de favoriser le suicide assisté que de consacrer de l'argent aux vieux et aux malades. Je dirais même que plus notre système de santé manquera de moyens, plus nous opterons pour le suicide, ce sera une question de bon sens. Il ne s'agira ni de dignité ni de liberté, mais de money !

Et, par les temps qui courent, après les dépenses effectuées par le gouvernement en période de Covid, puis la guerre en Ukraine donc le besoin de financer la défense et l'armement, puis la nécessité d'augmenter le salaire des enseignants… Il est logique que l'État s'emploie plus que jamais à économiser sur le dos des vieux et de toutes les personnes dépendantes. Elles coûtent tellement cher.

Soyons tout simplement lucides.

Mais, si quelques voix à gauche voulaient bien s'élever, ça ferait quand même chaud au cœur. Comment ne pas voir que les plus pauvres sont les plus démunis quand ils deviennent vieux, handicapés ou malades ? Ils manquent du minimum d'assistance ou bien ils coûtent trop cher à leurs proches.

Dans le film *Plan 75*, seuls les pauvres veulent bénéficier du suicide assisté. On leur offre même 100 mille yens (l'équivalent de seulement 700 € !) qu'ils peuvent utiliser comme ils le désirent pour se faire plaisir avant le grand départ.

Le numéro 2 de la collection « Du neuf chez les Vieux »
sera consacré à la question de la fin de la vie.

Imprimé en France par CPI
en mars 2023

Dépôt légal : mars 2023
N° d'impression : 174309